自治体行動の
政治経済学

地方財政制度と政府間関係のダイナミズム

MIYAZAKI Masato
宮﨑雅人

慶應義塾大学出版会

目　　次

第 1 章　本書の目的と分析視角 …………………………… 1
　はじめに　*1*
　1　本書の分析視角　*3*
　　　一般財源の制約　*3*／集権的統制と分権的実態の相克　*3*／制度による拘束の中の地方自治体の意思への着目　*4*
　2　本書の構成　*6*
　　　戦後日本における地方財政制度の展開　*6*／各章の概要　*9*

第 2 章　市町村民税所得割の課税方式の統一過程 ………………… 13
　はじめに　*13*
　1　二者択一の課税方式と市町村間の負担不均衡　*14*
　　　市町村民税所得割の変遷　*14*／市町村民税所得割における負担の不均衡　*16*
　2　課税方式の統一とアクター間の関係　*21*
　　　自治省の意向　*21*／池田首相の減税方針　*23*／大蔵省・政府税制調査会の意向と異例の決定プロセス　*25*
　3　課税方式の統一に伴う減収に対する補填措置とアクター間の関係　*28*
　　　減収補填問題をめぐる対立　*28*／全国町村会による運動の展開　*31*／減収補填問題の決着　*34*

i

4　市町村民税所得割における市町村間の負担不均衡と
　　　政治的支持　　*37*
　　　　課税方式統一の公約化の背景　*37*／課税方式統一の潜在的受益者　*40*
　おわりに　*42*

第3章　1970年代における地方交付税制度の
　　　　財政調整機能……………………………………………………………*45*
　はじめに　*45*
　1　1970年代後半における地方財政対策　*48*
　　　　巨額の財源不足と地方財政対策　*48*／地方交付税と地方債の動向　*51*
　2　普通交付税による財政調整機能の評価　*54*
　　　　タイル尺度の要因分解　*54*／一般財源のさらなる分解　*56*／普通交付税の財政調整機能への影響　*57*
　3　基準財政収入額の算定方法変更の動向　*62*
　　　　基準財政収入額への着目　*62*／法人関係税に係る基準税額の算定方法の変更　*63*／「伸び率」の地域差と実際の変化率　*64*
　4　普通交付税の増額措置と普通建設事業費　*70*
　　　　普通交付税の増額措置と財政調整機能の維持の背景　*70*／超過負担問題と普通建設事業の誘導　*72*
　おわりに　*74*

目　次

第4章　交付税措置による事業誘導仮説の検証
　　　──道府県における臨時地方道整備事業債を事例に……… 77

　はじめに　77
　1　臨道債の概要　79
　　　補助事業と単独事業の組み合わせ事業　79／事業費補正の具体的方法　81
　2　臨道債発行の要因分析　83
　　　実証モデル，使用データ，符号条件　83／推定結果と考察　87
　おわりに　94

第5章　固定資産税・都市計画税と地方交付税
　　　──基準財政収入額算定における裁量性の検証……………… 97

　はじめに　97
　1　地方交付税の受け取りを増加させるための諸条件　99
　2　1990年代以降の土地に係る固定資産税の状況　100
　　　固定資産税の安定性と制度変更の概要　100／評価額と課税標準額の乖離　102
　3　土地に係る固定資産税の基準財政収入額算定における
　　　裁量性の検証（条件2の検証）　104
　　　固定資産税における「二重構造」と基準財政収入額の算定　104／負担調整措置と住宅用地との関係　105／評価額ほど減少しなかった基準財政収入額　107
　4　課税標準額の変化による一般財源への影響
　　　（条件3の検証）　109
　　　都市計画税への着目　109／課税標準額の変化による一般財源への影響　110／一般財源の減少による予算規模の縮小　112
　おわりに　114

iii

第6章　2000年代における投資的経費 ……………………… 117

　　はじめに　*117*

　　1　分析のためのグループ分けと地方債発行における
　　　　各グループの特徴　*118*
　　　　合併・非合併と過疎・非過疎　*118*／各グループの特徴　*119*

　　2　非合併・非過疎市町村の分析　*123*
　　　　地方債発行額の推移　*123*／最も多く発行された地方債の種類　*123*／
　　　　学校債と一般補助施設債を発行しなかった町村　*126*

　　3　三位一体改革における国庫補助金の交付金化と学校債　*127*
　　　　学校債と学校交付金　*127*／耐震補強事業増加の背景　*129*／学校債を
　　　　発行しなかった市町村と学校交付金が交付された市町村の特徴　*132*

　　おわりに　*135*

第7章　「平成の大合併」における市町村合併要因 ……………… 137

　　はじめに　*137*

　　1　分析手法　*138*

　　2　推定結果　*139*
　　　　サバイバル分析の結果　*139*／都道府県の影響を考慮したマルチレベ
　　　　ルサバイバル分析　*143*／マルチレベルサバイバル分析の結果　*144*

　　3　一般財源の動向　*148*
　　　　タイル尺度による一般財源の分析　*148*／交付税算定における制度変
　　　　更と小規模町村　*150*

　　おわりに　*152*

目　次

第 8 章　結論 *153*

1. 一般財源によって可能となる中央政府による統制と
地方自治体の裁量性　*153*
2. 制度による拘束における中央政府の意思と
地方自治体の意思　*157*
3. 本書の意義と政策的含意　*158*

参考文献　*161*

初出一覧　*169*

あとがき　*171*

索　引　*173*

図表一覧

第2章

図2-1　市町村民税所得割の本文方式および但書方式のイメージ　*17*
表2-1　1957年度における課税方式と準拠税率の採用状況　*19*
表2-2　本文方式・但書方式と準拠税率の採用状況　*19*
表2-3　1963年度における市町村民税所得割の税負担　*19*
表2-4　1963年度における市町村民税所得割の高額負担市町村　*20*
表2-5　課税方式別の納税義務者数　*20*
表2-6　1963年度における市町村民税所得割の課税方式別採用状況　*21*
表2-7　全国町村会年末実行運動の経過（12月21～27日）　*34*
表2-8　都道府県別の納税義務者総数に占める但書方式を採用する市町村に居住する納税義務者数の割合，衆議院議員定数，自民党代議士数　*38*

第3章

図3-1　普通建設事業費補助負担金の推移　*53*
図3-2　一般財源のタイル尺度の推移　*55*
図3-3　普通建設事業費のうち補助事業費の推移　*71*
図3-4　普通建設事業費の地方財政計画額と決算額の推移　*72*
表3-1　1970年代における地方財政の主な措置　*46*
表3-2　1976年度における財源対策債の内訳　*50*
表3-3　地方交付税総額の推移　*52*
表3-4　1977～1979年度における財源対策債の内訳　*52*
表3-5　1975～1979年度における地方税減収補塡債許可額の推移　*53*
表3-6　一般財源のタイル尺度の分解（1）　*58*
表3-7　一般財源のタイル尺度の分解（2）　*60*
表3-8　1976年度における法人関係税に係る基準税額算定に用いられた伸び率　*63*
表3-9　道府県民税法人税割および法人事業税に係る伸び率　*65*

vi

目　次

表3-10　道府県民税法人税割調定額の対前年度変化率と
　　　　「伸び率」との比較　*66*
表3-11　法人事業税調定額の対前年度変化率と「伸び率」との比較　*68*

第4章
図4-1　臨道債許可額・発行予定額の推移　*78*
図4-2　地方特定道路整備事業の単独事業の手続き　*80*
図4-3　交付税措置率と財政力指数の関係　*81*
図4-4　地方特定道路整備事業の財政措置　*82*
図4-5　普通建設事業費の決定プロセス　*86*
図4-6　臨道債償還額および地方道路特定財源に対するその比率　*92*
図4-7　単独事業費の地方財政計画額と決算額の推移　*93*
表4-1　データ出所　*84*
表4-2　記述統計量　*87*
表4-3　推定結果（1）　*88*
表4-4　推定結果（2）　*88*
表4-5　都府県における地方道路特定財源と道路関係地方債の償還額　*90*

第5章
図5-1　負担調整措置および住宅用地特例による課税標準の軽減額の推移　*103*
図5-2　宅地評価額と課税標準額の変化率の推移　*104*
図5-3　土地に係る固定資産税の実効税率と総宅地面積に占める住宅用地面積の
　　　　割合（2004年度）　*107*
表5-1　宅地提示平均価額と土地に係る固定資産税の基準財政収入額の変化率
　　　　（2000年度および2003年度）　*108*
表5-2　一般財源の変化額の試算　*112*

第6章
図6-1　合併・過疎市町村グループにおける地方債発行額の推移　*120*
図6-2　合併・非過疎市町村グループにおける地方債発行額の推移　*120*
図6-3　非合併・過疎市町村グループにおける地方債発行額の推移　*121*
図6-4　非合併・非過疎市町村グループにおける地方債発行額の推移　*121*
図6-5　非合併・非過疎都市における地方債発行額の推移　*124*

vii

図6-6	非合併・非過疎町村における地方債発行額の推移	*124*
図6-7	個別の非合併・非過疎都市において最も多く発行された地方債の推移	*125*
図6-8	個別の非合併・非過疎町村において最も多く発行された地方債の推移	*125*
図6-9	学校交付金と起債措置	*128*
表6-1	分析のためのグループ分け	*119*
表6-2	非合併・非過疎市町村グループにおける学校債と一般補助施設債を発行しなかった市町村の割合の推移	*126*
表6-3	学校交付金が充てられる事業のうち上位三つの事業	*128*
表6-4	学校施設の耐震化に係る支援措置	*131*
表6-5	非合併・非過疎市町村グループにおける財政力指数段階別の学校債発行額の状況	*133*
表6-6	非合併・非過疎市町村グループにおける財政力指数段階別の学校交付金交付額の状況	*134*
表6-7	非合併・非過疎市町村グループにおける財政力指数段階別の小中学校における耐震化率の状況（2006年度）	*135*

第7章

表7-1	データ出所	*139*
表7-2	記述統計量	*140*
表7-3	推定結果（1）（市町村全体）	*141*
表7-4	推定結果（1）（市および町村）	*142*
表7-5	推定結果（2）（市町村全体）	*145*
表7-6	推定結果（2）（市および町村）	*146*
表7-7	2000年代における市町村の一般財源のタイル尺度	*148*
表7-8	全国市町村の一般財源のタイル尺度の分解	*149*
表7-9	普通交付税を構成要素に分解したタイル尺度	*149*
表7-10	推定結果（3）（町村）	*151*

第 1 章

本書の目的と分析視角

はじめに

　本書の目的は，地方自治体の予算編成の核となる地方税や地方交付税といった一般財源を軸に，地方自治体の財政行動メカニズムを実証的に明らかにすることである。本章では，本書の構成と概要について述べる。
　これまで多くの研究では特定財源や「交付税の補助金化」の誘導効果によって地方自治体が事業を実施するという選択行動について分析が行われ，一般財源は「残余」にすぎないとして重要視されてこなかったように思われる。しかし，この「残余」こそが，地方自治体が事業を実施しないという選択を含め，地方自治体の行動に大きな影響を与えてきた。国庫支出金や地方債を充当した残額に充当される一般財源がなければ，地方自治体は事業を行うことはできないからである。丸山（1988）は，一般財源は個々の事務事業予算単位の核となるものであり，一般財源の総量は総予算の中核をなしているため，その総量の大小が予算規模決定の最大の要因となると述べている。つまり，地方自治体は一般財源の範囲内で予算を編成し，事業を実施することが可能なのである。
　本書では，一般財源によって，中央政府にとっては地方自治体に対するコントロールが可能になる一方で，地方自治体にとっては裁量的行動も可能になる点を重視している。先述の通り，地方自治体は一般財源の範囲内で予算

を編成し，事業を実施することができるためである。ただし，一般財源の「範囲内」というのは，中央政府の「政策意図の範囲内」でのみ地方自治体が行動することを意味するわけではない。予算上の制約を受けていても，地方自治体の裁量的行動が可能であれば，中央政府の政策意図とは異なる結果が生じることもある。中央政府による地方自治体に対する制度がもたらす拘束は，たしかに多くの先行研究で強調されてきた点ではあるが，後に詳しく論じるように，それによって中央政府による地方自治体の誘導を説明できても，1990年代後半以降に生じた投資的経費における単独事業費の地方財政計画計上額と決算額の乖離のような中央政府の「意図せざる結果」を説明できないのである。さらに，一般財源による裁量的行動によって，制度設計者である中央政府が地方自治体に対して与えた事業実施のインセンティブに地方自治体が反応せず，中央政府の意図から逸脱していくことの積み重ねが制度を変化させていくという動態的過程を描くことができる。

また，戦後日本の地方財政制度形成の要因として，財政力の弱い多数の地方自治体による減税と平等化の要求があったことも明らかにする。「平等志向」型地方税構造への転換は金澤（1993）において論じられているが，それが戦後の高度経済成長期に税の自然増収が予想される中で減税政策の一環として行われたことについては，十分に論じられているわけではない。そこで，本書ではその過程について実証的に論じる。

近年，地方自治体の財政硬直化や社会保障関連支出の増加による一般財源の不足が生じているが，本書の分析はこうした現象の歴史的背景——戦後日本の社会・経済的変容に対する制度・政策的対応プロセス——を解き明かすものである。新たな財政需要の発生と財源の不足に際し，地方自治体が増税を選択せず，一般財源の範囲内で対応しようとするシステムはいかにして形成され，展開してきたのであろうか。その過程を明らかにすることは，我々が今日直面している地方財政における財源問題を考えるうえで大きな手がかりとなる。

1　本書の分析視角

一般財源の制約

　かつて日本の地方財政制度を「官治的自治」と特徴づけた藤田武夫は，1970年代における地方財政の危機の根本は地方財政の構造にあり，構造的原因の究明は1949年のシャウプ勧告と翌年の新地方税財政制度にまで遡らなければならないとする（藤田（1976））。たしかにこうした見方も一定の説得力をもつが，筆者はシャウプ勧告の「崩壊」後の地方財政制度に，1970年代や近年における地方財政危機の要因が存在すると考えている。本書の分析において示されるように，一般財源の制約がその要因の一つであり，それはシャウプ勧告の「崩壊」後に形成された制度に起因するものであるからである。後に詳しく論じるように，この一般財源は主として，中央政府と多数の地方自治体の意思に基づいて租税統制が行われている地方税，中央政府によって配分額が決定される地方交付税，地方譲与税からなる。したがって，一般財源は地方自治体によって容易に増加させることのできない財源であり，地方自治体にとって制約があるために，地方自治体の予算編成を拘束する。

集権的統制と分権的実態の相克

　こうした点から見れば，日本の政府間財政関係における地方自治体に対する中央政府の影響力の優位性や，地方自治体に対する制度による拘束という集権的な見解は説得力をもつ。たとえば，神野直彦は，現代日本の税・財政システムが総力戦を支える「総動員型」税・財政システムとして戦時期に潜在的に形成されたことを明らかにしている（神野（1993））。その中で，中央政府が決定し，地方政府が実行するメカニズムを「集権的分散システム」と呼び，日本における税・財政システムの特色として，地方政府の調達する財源に中央政府がすべて統制を加えている点を挙げている。

　他方，歳出面において地方自治体の裁量的行動が可能であることも事実であり，多くの研究が地方自治体の自律性を「発見」してきた。村松岐夫の議

論はその代表例であり（村松 (1988)），公共経済学的アプローチを採る研究も，地方自治体は自律的に行動するとの議論を展開している（土居 (2000a・b)）[1]。

このような二つの異なる見方が存在するのは，一般財源がもつ二面性によるものであるというのが本書の立場である。中央政府は歳入のコントロールを通じて地方自治体の歳出をコントロールしようとし，そうしたコントロールは一般財源が十分にあれば有効に機能する。他方で，一般財源の範囲内で地方自治体は裁量的に行動することが可能である。本書では，一般財源が存在することによって，制度による拘束と地方自治体の裁量性が併存するという見方を採用する。

制度による拘束の中の地方自治体の意思への着目

さらに，制度による拘束については，中央政府と地方自治体との間の垂直的政府間関係だけでなく，地方自治体の意思にも着目する。

吉田震太郎は，地方財政が高橋財政のもとでの時局匡救（きょうきゅう）政策を通じて，中央財政への従属の度合いを従来よりも一層深めたと論じている（吉田 (1972)）。こうした吉田の議論に対し，金澤史男は吉田の議論が地方税負担の地域的不均衡を求める動きと表裏一体の関係をなしていたことを史実から指摘し，行政サービスの均質化と地方税負担の均衡化の二つの要求は，第一次大戦期から存在しており，高度成長前期まで連なる制度改革の積み重ねによるシステム形成の出発点として位置づけることができると論じている（金澤 (1993)）。制度改革の積み重ねの過程で，地方団体ごとに異なる賦課率で支出額を支弁していた地方税構造は，基本的に全国的に一律の税率で構成される地方税構造へと転換した。金澤はこの変化を「支出水準先行型」地方税構造から「負担水準先行型」地方税構造への転換と呼び，林健久の議論を引きながら，このような地方税の負担構造は，福祉国家型財政構造の一つのバリエーションをなすと論じている[2]。

---

1) 堀場他 (2003) は，我が国の地方財政に関する研究は「制度論的アプローチ」と「公共経済学的アプローチ」に大別されるとしている。

ただし，金澤は，戦後の「負担水準先行型」地方税構造が，高度経済成長期において税収の自然増が予想される中で減税政策によってもたらされた点について言及していない。本書において明らかにされるように，市町村民税所得割の但書方式を採用していた多数の地方自治体による減税と平等化の要求を背景として構築された地方税制度が，地方自治体全体を歳入面から拘束しているのである[3]。これまで制度による拘束といえば，主に中央政府の意図に基づいて構築された制度によって，地方自治体の行動が拘束されるという面が強調されてきたが，政策形成過程を通じて多数の地方自治体の意思が全体を拘束している面もある。そこで，本書においては，こうした点について実証分析を通じて明らかにしていく[4]。

---

[2] 林は林（1992）において次のように論じている。福祉国家の本質は所得再分配であり，徴税と給付について，その前提として全国的に集中した機構が不可欠となる。また，国家がすべての国民の生存権を等しく保障するという建前から，地域的な格差は原理的に認められない。したがって，福祉国家の基礎的な機能である所得再分配を行おうとすれば，原則として財政構造は中央集権型たらざるを得ない。この中央集権型財政のバリエーションとして地方財政調整制度が位置づけられ，地方政府の財政力を平衡化させるべく，財政力の弱い部分に手厚く，逆は逆に配分し，もって全国的に統一的な行政サービスレベルの維持を可能ならしめる。そして，この裏側として，この制度は租税負担の軽減という形で税負担を平準化させ，当該地方住民の生活水準の保持ないし引き上げに資するということにもなっている。

[3] 福祉国家における個人の自由に対する統制に関して，ミュルダールはMyrdal（1960）において次のように論じている。

「むかしからの個人の自由は組織化された社会の統制によって，徐々に侵食されている。（中略）人々が満足していることの解明としては，民主的福祉国家での統制が，上からの国家的独裁によって押しつけられるものではないということである。統制は社会過程の結果であると感じられており，この社会過程を推し進めるにあたっては，人々が自ら参加しているのである。またそのうえに，このような一般大衆の影響を受けて，これらの統制は大衆に新しい権利を与えるように，きわめて総括的に形成されている。すなわち，彼らの機会を増加し，以前には貧困や無知のために閉ざされていた道を拓き，さらに，初期のころには個人とその家族にとって災厄をもたらした種々の危険から彼らを安固にするのである」

本書における多数の地方自治体による減税と平等化の要求を背景にして地方財政制度が構築されているという見方も，上記のミュルダールの議論と同様に，民主主義のプロセスを経ているという意味で，住民，そして地方自治体が自ら望んだという側面もあるといえる。

中央政府の意図だけでなく，多数の地方自治体による減税と平等化の要求を背景にして地方財政制度が構築されているという見方を採用することによって，地方自治体の「横並び行動」を生じさせている制度の成立過程や現状を的確に描くことができる。

　こうした視点は，OECDの分類に基づいた地方税のマクロデータを用いた国際比較においてしばしば欠如しているものだが，のみならず，それらに対する批判にも欠落している[5]。多数の地方自治体の意思が制度を通じて地方自治体全体を拘束しているという面を考慮すれば，OECDの分類に基づいて日本の地方税の課税分権度を議論することは容易ではない。本書が制度の成立過程や地方自治体の決算データから地方自治体の行動を観察し，日本の政府間財政関係の実態を明らかにしようとするのはこのためでもある。

2　本書の構成

戦後日本における地方財政制度の展開

　以上のような分析視角に基づいて，各章において議論が展開される。議論を進めるにあたり，各章の位置づけを明確にするために，本書の構成に沿いながら戦後日本の地方財政制度と政府間財政関係の展開について簡単に示しておきたい。

4）　こうした住民，そして地方自治体の減税と平等化の要求にもかかわらず，国民健康保険料や公共料金については地域間で大きな格差が存在する。このことは非常に重要な問題であるが，この問題については分析の対象外としている。

5）　OECDの分類は次の通りである。なお，日本の地方税のほとんどが下記の[b]分類に当てはまるとされる。
[a]　州・地方政府が税率および課税標準を決定。
[b]　州・地方政府が税率のみを決定。
[c]　州・地方政府が課税標準のみを決定。
[d.1]　州・地方政府が税収分与を決定。
[d.2]　税収分与の割合は州・地方政府が承認した場合のみ変更可。
[d.3]　税収分与の割合は法律によって規定。
[d.4]　税収分与は予算過程の一部として中央政府が決定。
[e]　中央政府が州・地方税の税率と課税標準を決定。

第1章　本書の目的と分析視角

　シャウプ勧告によって形づくられた戦後日本の地方財政制度は，1960年代における市町村民税所得割の課税方式の統一と標準税率・制限税率の導入によって大きく変化した。これは先述した地方財政におけるシャウプ勧告の「崩壊」が決定的になった制度変更である。第2章「市町村民税所得割の課税方式の統一過程」では，その導入過程について論じている。日本では1963年度まで市町村民税所得割に二つの課税方式が認められ，その選択は市町村の意思に任されていた。これに対し，課税方式の統一と標準税率・制限税率制度の導入は，シャウプ勧告以来続いた課税方式の選択制と税率の弾力的運用を変更するものであり，日本の地方税における特徴の一つである画一的な課税標準と税率とを形成するものであった。さらに，地方税と並んで地方自治体にとって重要な地方交付税は，中央政府によって交付額が決定されたため，この制度変更によって地方自治体の一般財源は量的に制約されることになった。

　その後，1970年代には地方自治体を取り巻く環境に大きな変化が現れた。オイルショックの発生である。このため，中央政府は税収が低迷する中で景気対策の実施を余儀なくされた。地方自治体も景気対策に協力することが要請されたが，この頃の地方自治体は，オイルショックによる税収減や補助事業の超過負担[6]といった問題を抱えており，中央政府からの要請に応じるだけの財政的な余裕はなかった。そこで，中央政府は国庫支出金，地方交付税，地方債を増額することによって，地方自治体を補助事業の実施へと誘導した。先述の通り，地方自治体の財源には制約があったため，移転財源や起債が重要な役割を果たした。中でも予算編成の要である一般財源のうち，地方交付税の増額は補助事業への誘導に不可欠であった。第3章「1970年代における地方交付税制度の財政調整機能」は，1970年代後半における補助事業への誘導について明らかにしている。

　こうして1970年代後半に確立された地方自治体の補助事業への誘導システムは，1980年代に転換を余儀なくされた。その端緒は中央政府の「増税

---

6)　超過負担とは，国庫支出金が交付される事業において，地方自治体の実際の支出額よりも補助基本額が下回る場合に，地方自治体が強いられる負担のことである。

なき財政再建」であった。中央政府は歳出削減を行う必要に迫られ，国庫支出金の補助率削減が行われた。他方で，1985年のプラザ合意以降の円高不況や対外貿易不均衡問題に対応すべく内需拡大の要請があり，中央政府は補助率を引き下げつつ事業量を確保する必要に迫られた。さらに，1990年代にはバブル経済が崩壊し，中央政府は再び景気対策の実施を余儀なくされた。そうした中で活用されたのは補助事業ではなく，単独事業であった。中央政府は地方交付税と地方債とを一体的に活用することによって，地方自治体を単独事業の実施へと誘導した。第4章「交付税措置による事業誘導仮説の検証──道府県における臨時地方道整備事業債を事例に──」では，これについて議論している。

こうした歳出面におけるコントロールが行われる中で，歳入面においては，地方自治体にとって重要な財源である固定資産税の負担水準均衡化のための制度変更が行われた。第5章「固定資産税・都市計画税と地方交付税──基準財政収入額算定における裁量性の検証──」では，その制度変更と地方交付税との関係について論じている。地方税負担水準の市町村間不均衡の解消は，1990年代においても日本の地方財政制度の重要な形成要因であった。

一般財源が量的に制約される中で，地方債を活用した単独事業への誘導は公債費の増加という形で地方自治体の財政硬直化を生じさせることになった。その結果，地方自治体の財政活動に必要な一般財源の余裕が減少し，投資的経費における単独事業費の地方財政計画計上額と決算額の乖離に見られるように，中央政府の政策意図とは異なる結果が生じた。中央政府による誘導の累積的過程が地方自治体の「逸脱」という裁量的行動を生み出すこととなった。さらに，三位一体改革による地方交付税総額の減少も相まって，地方自治体は所要一般財源（＝歳出－特定財源）のより少ない事業を選択することとなった。第6章「2000年代における投資的経費」は，非合併・非過疎市町村が2000年代後半以降，所要一般財源の少ない耐震補強事業を選択したことを明らかにしている。制度設計者である中央政府の意図とは異なる地方自治体の逸脱行動が一つの要因となり，臨時地方道整備事業債（以下，臨道債と略す）をはじめとする元利償還金の交付税措置（以下，交付税措置と略す）

が講じられる種々の地方債について制度が変更され，新たな誘導が行われた。

また，中央政府が1990年代末から2000年代にかけて地方交付税制度の変更や交付税総額の削減を行い，一般財源の量的な制約を強めたことによって，地方自治体のあり方そのものにも大きな影響が見られた。市町村合併への誘導がそれである。第7章「『平成の大合併』における市町村合併要因」はこれについて論じている。

本書においては，主として歳入におけるコントロールの形成過程や実態を明らかにし，こうした制度による拘束と裁量的行動が歳出面においてどのように現れたのかを投資的経費に着目して明らかにしている。今日では少子高齢化の進展により社会保障関連費としての経常経費のウエイトが高まっているが，かつて投資的経費は地方自治体が実施する事業の中で大きなウエイトを占めており，多くの論者によって議論されていた。そのため，これを分析することは戦後日本の地方財政の実態を理解するうえで重要な手がかりとなる。そして，補助事業や単独事業を誘導するための手法が垂直的政府間関係や地方自治体の財政状況などによってどのように変化してきたかも解明する。

各章の概要

ここで改めて各章の要約を以下で示しておこう。第2章および第5章において，歳入面におけるコントロールと地方自治体間の負担水準の均衡化について論じ，第3章，第4章，第6章，第7章において，一般財源と地方自治体の行動との関係について明らかにしている。なお，分析対象とする期間に基づいて，各章は時系列に並べられている。

第2章「市町村民税所得割の課税方式の統一過程」では，1964年度における市町村民税所得割の課税方式の本文方式への統一と標準税率・制限税率の導入の背景にどのような要因が働いていたのかを明らかにした。課税方式の統一以前に但書方式を採用していたのは主として財政力の弱い市町村であり，課税方式の統一は市町村民税所得割における負担水準の市町村間不均衡という問題を解消するという政策目的に基づいて行われた。その推進力となったのは，1963年に行われた総選挙に際して自由民主党（以下，自民党と

略す）が掲げた減税公約であり，課税方式を統一するという池田勇人首相の強い意向であった[7]。そして，その背景には，但書方式を採用していた多数の地方自治体による減税と平等化の要求が存在した。課税方式の統一により，日本の地方税における特徴の一つである画一的な課税標準と税率が形成され，租税統制が行われるようになった。

　第3章「1970年代における地方交付税制度の財政調整機能」では，1970年代後半に行われた地方交付税の増額や地方債を活用した諸措置が普通交付税の財政調整機能に与えた影響を一般財源のタイル尺度の要因分解によって明らかにし，地方交付税制度において生じた変化について検討した。一般財源の構成要素への分解から，投資的経費に係る基準財政需要額は，一般公共事業等に係る地方負担額が地方債に振り替えられるようになった1976年度以降，一般財源の格差是正に寄与したことが明らかになった。また，大都市部の都府県の法人二税に係る基準財政収入額をあえて高く算定し，格差是正を行っていた可能性があることを指摘した。財政調整機能が維持された中で地方交付税が増額された背景には，オイルショックによる景気悪化への対策のため，中央政府が地方自治体を景気対策に誘導する必要があったことが挙げられる。先述の制度的な制約から，一般財源は地方自治体が容易に増加させることのできない財源である。地方交付税が交付されることによって，財政力の弱い地方自治体も含めて地方自治体は景気対策の実施が可能になり，実際に補助事業を中心とした景気対策へと地方自治体は誘導されたのである。

　第4章「交付税措置による事業誘導仮説の検証——道府県における臨時地方道整備事業債を事例に——」では，単独事業のための地方債の交付税措置が講じられるようになった1990年代以降の道路事業に着目し，道府県の臨道債許可額のデータを用いて，臨道債の発行と交付税措置率との関係について分析を行った。その結果，臨道債許可額は，地方債の元利償還金の交付税

---

[7]　伊藤（1966）によれば，池田首相は，前政権のもとでの安保騒動の名残りが消えない中で，人心を一新するために就任後に新政策を発表し，10年で国民所得を倍増する計画を示した。それを実現するための構えとして，経済についてはインフレなき高度成長政策を採用した。公共投資と減税と社会保障がこの政策の柱であった。

措置という制度が存在しても，起債対象事業が単独事業と補助事業との組み合わせ事業であったため，国庫支出金と連動していた。また，国庫支出金や地方債の充当残に充当される地方税や地方交付税といった一般財源が増加するほど，交付税措置が講じられる臨道債の許可額が増加することが明らかになった。つまり，起債充当残に充当する一般財源が存在することによって起債が可能になり，中央政府による誘導が機能した。一方で，一般財源は地方自治体によって容易に変化させることのできない財源であるため，この財源の範囲内に限られるが，地方自治体は裁量的な行動が可能になる。それゆえ，一般財源が減少すると，投資的経費における単独事業費の地方財政計画計上額と決算額の乖離のような中央政府の政策意図とは異なる結果が生じた。一般財源の減少は，中央政府による誘導の結果として生じた公債費の増加によるものであり，中央政府による誘導の累積的過程が地方自治体の「逸脱」という裁量的な行動を生み出したといえる。

　第5章「固定資産税・都市計画税と地方交付税——基準財政収入額算定における裁量性の検証——」では，市町村が土地に係る固定資産税の評価額を意図的に低くし，基準財政収入額を恣意的に減少させ，地方交付税の受け取りを増加させているという説の検証を行った。分析結果からは，市町村が基準財政収入額を恣意的に減少させ，地方交付税の受け取りを増やそうとしているとは必ずしもいえなかった。こうした結果が生じるのは，制度的にこうしたことが不可能なためである。地方自治体に対する制度による拘束が固定資産税制度にも存在しているといえる。そして，この背景には，固定資産税における負担水準の均衡化という政策が存在する。地方税負担水準の市町村間不均衡の解消は，依然として日本の地方財政制度の重要な形成要因なのである。

　第6章「2000年代における投資的経費」では，2000年代における投資的経費の分析を行った。非合併・非過疎市町村においては2000年代後半以降，投資的経費総額が減少する中で，臨道債などの交付税措置が講じられる地方債を活用した単独事業から，特に財政力の高い都市において交付金と地方債とを活用した事業に，その中心が変化しつつあったことが明らかになった。

発行額が最も大きかった臨道債は減少し，それに代わって発行額が最も大きくなったのは三位一体改革の中で創設された安全・安心な学校づくり交付金（以下，学校交付金）の裏負担に充当される学校教育施設等整備事業債であった。その背景には，学校交付金が充てられる耐震補強事業の実施に必要な一般財源の少なさと，中央政府からの要請があった。こうした一連の過程は，第4章の分析結果も踏まえれば，次のようにまとめることができる。すなわち，1990年代を中心に行われた中央政府による単独事業への誘導は，公債費の増加という形で地方自治体の財政硬直化を生じさせ，地方交付税総額の減少も相まって，地方自治体の政策遂行に必要な一般財源の余裕を減少させた。その結果，一般財源の範囲内で裁量的行動が可能である地方自治体は，所要一般財源のより少ない耐震補強事業を選択したものと考えられる。これは，誘導の累積的過程が一般財源を介して，地方自治体の裁量的行動に影響を与えた動態的過程であるといえる。

　また，第7章「『平成の大合併』における市町村合併要因」では，第6章で分析した合併市町村の財政行動の背景にある市町村合併の要因を明らかにした。その結果，町村においては，歳入に占める普通交付税の割合や経常収支比率が高いほど合併を行う確率が有意に高いことが明らかになった。1990年代末からの地方交付税制度の変更や交付税総額の削減を踏まえれば，中央政府は市町村に付与する一般財源を減少させることによって，市町村の裁量の余地を小さくし，市町村合併という特定の政策へと誘導を行ったといえる。また，第6章で明らかにしたように，過疎自治体でない合併市町村は，交付税措置が講じられる臨道債を多く起債しているため，中央政府による単独事業への誘導が市町村合併という次なる誘導を生み出したと解釈することも可能である。

　第8章は結論である。それぞれの章において明らかにされてきたことをまとめ，本書の意義と政策的インプリケーションを示す。

第 2 章

市町村民税所得割の課税方式の統一過程

はじめに

　本章の目的は，1964年度における市町村民税所得割の課税方式の本文方式への統一（以下，課税方式の統一と略す）の背景にどのような要因が働いていたのかを明らかにすることである。日本においては1963年度まで市町村民税所得割に二つの課税方式が認められ，その選択は市町村の意思に任されていた。二つの課税方式とは本文方式と但書方式であり，前者は総所得金額等から後述する各種控除を行ったものを課税標準額として所定の税率を乗じたのに対し，後者は財政上の特別の必要があるときに前者の例外として採用することができるもので，総所得金額等から基礎控除だけを行ったものを課税標準額として所定の税率を乗じたものであった。本章において論じるのは課税方式が前者に統一された過程である。

　今日から見れば，この制度変更が決定された1963年は日本の地方財政における大きな転換点であった。本章において論じる課税方式の統一と標準税率・制限税率制度の導入は，シャウプ勧告以来続いた課税方式の選択制と税率の弾力的運用を変更するものであり，「シャウプ以来の大改正」であったという指摘も見られるが[1]，日本の地方税における特徴の一つである画一的な課税標準と税率とを形づくるものでもあった。こうした制度の形成過程を描くことは，日本の地方財政における特徴がどのようにして形づくられるよ

うになったのかを明らかにすることでもある。

　本章においては課税方式の統一を中心に，自民党・大蔵省・自治省などのアクター間の関係だけではなく，アクターが1963年11月に行われた総選挙を利用して，どのようにして課税方式を本文方式に統一したのかを明らかにする。

　本章は次のように構成されている。1においては議論の前提となるシャウプ勧告以降の市町村民税制度と市町村民税所得割における市町村間負担不均衡の状況について確認する。2においては課税方式の統一とアクター間の関係について論じる。3においては課税方式の統一に伴う減収に対する補填措置とアクター間の関係について論じる。4においては市町村民税所得割における市町村間負担不均衡と政治的支持について論じる。本章の分析を通じて，地方自治体に対する制度による拘束が中央政府の意図のみに基づいたものではなく，全国町村会の運動を通じた但書方式を採用する多数の地方自治体の減税と平等化の要求を背景として構築されたことが明らかにされる。

1　二者択一の課税方式と市町村間の負担不均衡

市町村民税所得割の変遷

　課税方式の統一について論じる前に，議論の前提となるシャウプ勧告以降の市町村民税制度について確認しておきたい。市町村民税所得割の課税方式はシャウプ勧告に基づく3種類の課税方式に但書方式を加えた五者択一の課税方式から，5種類のうち三つを廃止した本文方式と但書方式からの二者択一の課税方式となり，最後には課税方式が本文方式に統一されるという変遷をたどった。

---

1)　宮沢他（1965），p. 174.
　　なお，この中で森岡敏氏は「正確に言いまして，昭和29年度の税制改正についてのシャウプ以来の大改正であると考えるべきじやないかと思います。昭和29年度の改正は，ご承知のように，自治体警察の廃止に伴いまして，警察費の全部が府県に移つたということを起因とし，同時にまた地方財政が非常に悪化してきておつたということから，府県財源強化ということに重点が置かれたわけであります」と述べている。

第2章 市町村民税所得割の課税方式の統一過程

シャウプ勧告において市町村民税所得割の課税標準は，①所得税額，②所得税課税総所得金額，③所得税課税総所得金額－所得税額の3種類から市町村が選択することができるようにされており，それに基づく1950年の地方税制改革においても同様であった[2]。翌1951年には地方税制の一部手直しが行われた。②の第二課税方式および③の第三課税方式による所得割の課税標準である課税総所得金額は所得税法上の総所得金額から各種の控除をした額であるが，財政上の必要がある場合には，総所得金額から基礎控除額だけを差し引いたものを課税標準とすることができた。これが但書方式である。必要に応じて所得割の負担を広く住民から求めることができる途(みち)を開いたと説明されるように，当時の財政力の弱い市町村の財政窮乏を救う手段として採用されたものであった[3]。②の第二課税方式および③の第三課税方式については，1956年度までは単に最高税率または賦課制限額の定めがあるのみで法定されておらず，1957年度以降はじめて準拠税率の制度が設けられた。これも市町村が条例で税率を定める場合の目安という程度のものであり，所得段階の区分もその区分に応じて適用する税率も極めて弾力的に定めることができるとされていた。すなわち，市町村民税の負担の求め方については，市町村の基幹税として自治の本旨に即する弾力的な運用の途が開かれていたわけである[4]。当時の市町村民税は課税自主権が尊重された制度および運用であったといってよい。自治の本旨に即する弾力的な運用は当時の自治庁の方針であった[5]。

こうした市町村民税の課税方法・税率の選択制と所得税制からの影響により，早くから次の二つの点が問題点として挙げられていた。一つは負担の地域間不均衡という問題であった。課税方法の選択制のもとでは，財源の乏しい団体ほど重い課税方式により最高税率を課すことになり，行政水準の低い多数の団体で重課され，富裕な団体において軽課される結果となった。もう

2） 今井 (1993), p. 57.
3） 丸山 (1985), p. 449.
4） 地方財務協会編 (1964), pp. 106-107.
5） 荻田 (1957), pp. 5-6.

一つは所得税減税による減収という問題である。当時の市町村民税所得割は課税標準が所得税額，所得税課税総所得金額，および後者から前者を差し引いたものであったため，所得税の動きによって変動した。高度経済成長期に入って国民所得が急増するに伴って所得税は自然増収をあげ，その一部が減税に充てられたために，所得税減税の影響を受けたのであった[6]。

　こうした問題点を踏まえ，1960年10月に第七次地方制度調査会が，12月には政府税制調査会が市町村民税に対する所得税改正からの影響遮断を答申した。政府は1961年4月に地方税法を改正し，課税方式を税制調査会の提案通り，①と③の課税方式を廃止して課税所得金額を課税標準とする本文方式と総所得金額から基礎控除だけを行う但書方式の二本建てに改めることとし，市町村民税の独自性保持のため，所得控除の項目および金額を所得税のそれと切り離すこととした。また，従来の②の第二課税方式と同様に，地方税法に市町村が準拠すべき税率を定め，具体的な税率は市町村が条例で定めることとした。なお，課税標準の算定は1962年度分から変更された[7]。

市町村民税所得割における負担の不均衡

　図2-1は本文方式と但書方式のイメージを示したものである。本文方式の課税標準は総所得金額等から各種控除を行ったのに対し，但書方式は基礎控除のみを行った。このため，両者を比較すれば，総所得金額が同じであって

---

6) 　小川（1967），p. 34.
　　なお，今井（1993）は所得税減税の影響を地方自治体の減収ではなく，課税方式の相違とあわせて財政力の低い市町村の低所得層により重い税負担を負わせるという形をとったことになると捉えている。そして，この負担率格差に対処する方法として，1957年度の地方税制改正における準拠税率の法定化を位置づけている。これは第二課税方式と第三課税方式の負担率が第一課税方式と同程度となるような超過累進税率であった。また，これらの他の問題点として三好（1960）や森（1961a・b・c）においては，道府県民税が管下市町村の課税方式をそのまま基礎とするため，市町村間における負担の不均衡が道府県民税にも負担の不均衡をもたらしているという指摘がなされている。

7) 　藤田（1978），pp. 317-319，丸山（1985），pp. 526-528，今井（1993），pp. 60-61.
　　また，自治省（1964）によれば，この制度変更の際に道府県民税の課税方式も改められ，市町村民税の本文方式と同様に，総所得金額等から各種の所得控除を行って課税総所得金額等を算定する方法に改められることとなった。なお，藤田（1978）によれば，道府県民税においては所得金額の区分は法定され，税率も標準税率とされた。

図2-1 市町村民税所得割の本文方式および但書方式のイメージ

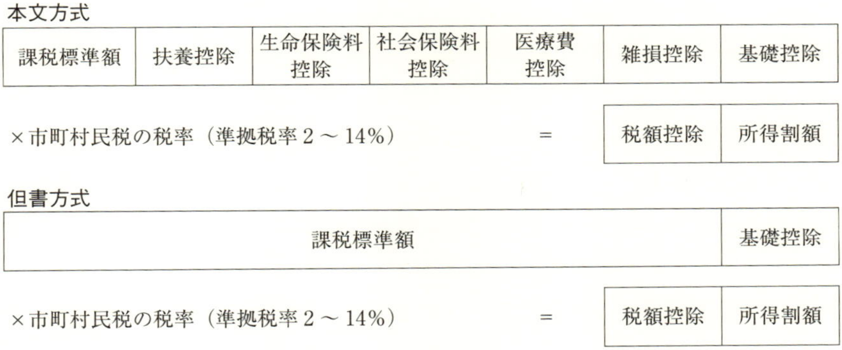

本文方式

課税標準額	扶養控除	生命保険料控除	社会保険料控除	医療費控除	雑損控除	基礎控除

×市町村民税の税率（準拠税率2～14％）　＝　税額控除　所得割額

但書方式

課税標準額	基礎控除

×市町村民税の税率（準拠税率2～14％）　＝　税額控除　所得割額

出所：税制調査会（1964），p. 486 より引用。

も税負担は前者より後者のほうが重くなった。

市町村民税所得割における市町村間負担不均衡については今井（1993）や藤（2005）において議論されている。今井（1993）は五者択一の課税方式においては人口規模が大きくなるにつれて第一課税方式を採用する市が多くなることから、財政力の高い市が第一課税方式を採用し、それ以外の市町村が第二課税方式但書を採用していたと述べている。また、松下（1960）を引用しながら第一課税方式、第二課税方式本文、第二課税方式但書の三つの課税方式間で1951年度にはそれほどなかった負担率格差が1955年以降（昭和30年代）に、次第に拡大していったこと、しかも所得水準が低いほどそれが大きくなっていったことを指摘している。

藤（2005）は1955年以降（昭和30年代）における市町村民税の市町村間負担不均衡について、夫婦子2人の世帯モデルを設定し、所得階層ごとの負担率の分析を行っている。その結果、五者択一の課税方式下において小規模団体で多く採用された第二課税方式但書の税負担は、大都市で多く採用された第一課税方式と比較して所得が低くなるほど重くなっていたことを明らかにしている。また、二者択一の課税方式下においても本文方式より但書方式のほうが税負担は重く、超過税率が課された場合には税負担の格差はさらに大きくなることを地方財務協会編（1964）のデータも援用しつつ指摘している。

ここで，先行研究において詳しく触れられていなかった超過税率の採用状況について触れておきたい。表2-1は制度変更以前の第二課税方式と第三課税方式，表2-2は本文方式と但書方式の税率の採用状況を示したものである。表2-1から五者択一の課税方式においては負担の重い第二課税方式但書を採用していた市町村のうち7割強が超過税率を採用していたこと，表2-2から但書方式を採用していた市町村のうち5割強が超過税率を採用していたことを読み取ることができる。また，準拠税率制度下においては所得段階の区分もその区分に応じて適用する税率も極めて弾力的に定めることができるとされたことは先述した通りであるが，超過課税団体においては低所得段階において課税所得の段階区分を非常に細かく設定するということがしばしば見られた[8]。

　ここまで見てきた課税方式と税率の違いによる市町村間の負担不均衡の実態を世帯ベースで示したものが表2-3である。給与所得者で年収50万円の標準世帯（夫婦，子3人）について見ると，本文方式で準拠税率通り課税した場合の所得割額（基準額）は2,630円であったのに対し，但書方式で準拠税率の場合の所得割額（基準額）は4,830円で1.8倍強となっていた。先述のように，但書方式の市町村においては準拠税率を超える超過税率を採用している市町村が多く，そのため所得割額の負担額が準拠税率の場合の3倍以上に達する市町村が存在した。のみならず，表2-4において示すように，本文方式で準拠税率の場合の6倍ないし7倍に達するような負担を求めている市町村すら存在したのである[9]。さらに，表2-5において明らかなように，但書方式を採用する市町村においては市町村民税所得割の納税義務者の過半数が所得税の納税義務のない低所得者であった。

　こうした但書方式における相対的に重い税負担は，特に交付団体の町村に見られた。表2-6は五者択一の課税方式を制度変更した後の本文方式および但書方式の課税方式の採用状況である。この表からおよそ8割の市町村が但書方式を採用し，中でも多くの交付団体の小都市と町村が採用していたこと

---

[8]　石見（1963），p. 38.
[9]　地方財務協会編（1964），pp. 110-111.

第 2 章　市町村民税所得割の課税方式の統一過程

表 2-1　1957 年度における課税方式と準拠税率の採用状況

(単位：市町村数，％)

課税方式		税率	市町村数	比率
第二課税方式	本文方式	準拠税率	7	9.0
		超過税率	71	91.0
	但書方式	準拠税率	750	25.4
		超過税率	2,198	74.6
第三課税方式	本文方式	準拠税率	0	0.0
		超過税率	10	100.0
	但書方式	準拠税率	33	20.2
		超過税率	130	79.8

出所：稲葉他（1959），p. 85 より引用。

表 2-2　本文方式・但書方式と準拠税率の採用状況

(単位：市町村数，％)

課税方式	税率	1962 年度		1963 年度	
		市町村数	比率	市町村数	比率
本文方式	準拠税率	530	84.4	553	84.2
	超過税率	98	15.6	104	15.8
但書方式	準拠税率	1,335	47.2	1,193	43.2
	超過税率	1,496	52.8	1,566	56.8

出所：税制調査会（1964），p. 488 より引用。

表 2-3　1963 年度における市町村民税所得割の税負担

(単位：市町村数)

	基準額未満	基準額(A)	～(A)×1.5 倍	～(A)×2 倍	～(A)×2.5 倍	～(A)×3 倍	(A)×3 倍超
本文方式	15	538	59	25	16	5	0
但書方式	85	653	811	562	403	184	61

注 1：標準世帯（夫婦子 3 人で年間収入額 50 万円）の給与所得者について，市町村ごとに税率および控除を適用して所得割額を算出し，これを基準額と比較したものである。
　2：基準額とは準拠税率によって算出した所得割額である。なお，本文方式においては 2,630 円，但書方式においては 4,830 円である。
出所：地方財務協会編（1964），p. 111 より引用。

19

表2-4 1963年度における市町村民税所得割の高額負担市町村

順位	都道府県名	市町村名	人口（人）	財政力指数	市町村民税所得割額（円）	基準額に対する倍率
1	滋賀県	安曇川町	12,555	0.44	18,120	6.89
2	島根県	仁多町	14,032	0.32	17,790	6.76
3	島根県	頓原町	6,006	0.19	17,290	6.57
4	長野県	下条村	5,016	0.21	17,140	6.52
5	新潟県	刈羽村	6,594	0.33	16,830	6.40
6	新潟県	吉川村	11,005	0.29	16,580	6.30
6	長野県	喬木村	8,422	0.24	16,580	6.30
8	秋田県	稲庭川連町	14,607	0.20	16,540	6.29
9	長野県	木島平村	7,735	0.23	16,500	6.27
10	新潟県	西山町	10,926	0.36	16,470	6.26

注：「基準額に対する倍率」とは，夫婦子3人の年間収入額50万円の給与所得者について，本文方式かつ準拠税率で計算した市町村民税所得割（2,630円）に対する倍率である。
出所：地方財務協会編（1964），pp. 112-113より引用。

表2-5 課税方式別の納税義務者数

（単位：千人）

	有資格者	失格者	合計
本文方式	10,618	1,129	11,747
但書方式	3,678	3,990	7,668
合計	14,296	5,119	19,415

注1：1963年7月1日現在調査による1963年度分の数値である。
 2：「有資格者」は所得税の納税義務者，「失格者」は所得税の納税義務のない者を指す。
出所：地方財務協会編（1964），p. 114をもとに作成。

を読み取ることができる。

　こうした市町村間の負担の不均衡の問題は，1962年の政府税制調査会において取り上げられ検討が行われた。その審議の過程において，公選首長のもとにおける市町村が重い税負担をあえて住民から求めている原因は一体どこにあるのか，不均衡を是正した場合には市町村財政にどのような影響を与えるのかなどの問題について検討が重ねられたが，この問題は地方行政，税制，財政全般にわたって極めて深い関連を有しているため，超過課税を

第2章　市町村民税所得割の課税方式の統一過程

表2-6　1963年度における市町村民税所得割の課税方式別採用状況

(単位：市町村数)

		本文方式			但書方式			合計			不均一課税
		交付	不交付	合計	交付	不交付	合計	交付	不交付	合計	
市	人口50万人以上	6	4	10	0	0	0	6	4	10	0
	人口5万人以上	90	61	151	107	3	110	197	64	261	0
	人口5万人未満	59	10	69	206	7	213	265	17	282	1
町村		364	65	429	2,405	36	2,441	2,769	101	2,870	0
計		519	140	659	2,718	46	2,764	3,237	186	3,423	1

注：「交付」は交付団体，「不交付」は不交付団体を指す。
出所：税制調査会（1964），p.487より引用。

行っている市町村の具体的状況，財政の実態などを十分に解明したうえで結論を出すべきであるとして，その年の12月の答申では問題の解決は見送られた[10]。

2　課税方式の統一とアクター間の関係

自治省の意向

　翌1963年においては課税方式の統一と標準税率・制限税率の法定が政府税制調査会などで本格的に議論されることとなった。課税方式の統一と標準税率・制限税率の法定は1964年度から2年間かけて行われたのであるが，これらの制度変更以前にも自治省は市町村に対して，本文方式と準拠税率を採用するように指導を行っていた。しかし，そうした指導では根本的な問題解決はできないという認識を自治省がもっていたことが参議院地方行政委員会における柴田護税務局長の発言から窺える[11]。

　指導の過程において，自治省は9種地[12]以下の市町村の態容補正係数を引き上げる基準財政需要額の調整による普通交付税の傾斜配分や，超過課税を

---

10)　石見（1963），pp.36-37．
11)　1963年3月19日の第43回通常国会参議院地方行政委員会における鈴木壽委員の質問に対する柴田政府委員（自治省税務局長）の答弁（国会会議録検索システム）。

行っていた市町村の準拠税率採用に伴う減収に対する特別交付税による補塡[13]を行っていた。しかし，このことによって本文方式と準拠税率を採用する市町村が大きく増加したわけではなかった。そこで，自治省は交付税の傾斜配分による一般財源の増加によって市町村民税所得割の減税が可能となるのかを再検討するため，1963年度において市町村を対象とした調査を行うこととした[14]。

　柴田（1975）によれば，課税方式の統一は，地方税を所管する自治省税務局に柴田氏が在籍していた1962年からの既定路線であり，準備が進められていたとされる[15]。先述したように同年の政府税制調査会の答申においては課税方式の統一の実現は先送りされたわけであるが，その後も引き続き制度変更に向けて自治省税務局において課税方式の統一について検討されていたことが地方行政委員会における篠田弘作自治相と柴田財政局長の発言から窺える[16]。また，篠田自治相の後任の早川崇自治相は，先述した政府税制調査会における市町村民税の実態調査が公表される以前に，閣議後の記者会見で「市町村民税の課税方式を数年計画で一本化したい」との意向を表明していた[17]。自治省においては，市町村民税所得割の負担の市町村間不均衡解消を3年ないし5年の長期計画で実施するという考え方が強かった。これは短期計画の場合はそれだけ年度ごとの減収額が大きくなるため，国による減収補塡措置それ自体に反対していた大蔵省の抵抗が強いと予想され，補塡財源の

---

12) 普通態容補正を適用する前提として，市町村を都市化の程度に応じて「種地」によって区分している。なお，1968年度までは，市町村の人口・経済構造・宅地平均価格指数を基準として，各市町村を1種地から20種地までの20段階で区分していた。
13) 制度変更以前の五者択一の課税方式の頃から特別交付税による減収補塡が行われていた。1957年度に準拠税率が法定されたが，それに伴う市町村財政の激変を緩和するため，一定の算定方式によって特別交付税が交付された。
14) 1963年3月19日の第43回通常国会参議院地方行政委員会における鈴木委員の質問に対する柴田政府委員（自治省税務局長）および松島五郎説明員（自治大臣官房参事官）の答弁（国会会議録検索システム）。
15) 柴田（1975），p. 333.
16) 1963年3月19日の第43回通常国会参議院地方行政委員会における鈴木委員の質問に対する篠田自治相と柴田政府委員（自治省税務局長）の答弁（国会会議録検索システム）。
17) 『朝日新聞（夕刊）』1963年8月2日。

目処がつかないという思惑があったからであった。最悪の場合は5年計画で国による補填なしで実施することも考えていたようである。また，この頃，産業界の要請と池田首相の意向を背景として電気ガス税の減税論が高まっていた。減税が行われた場合には電気ガス税減税の補填も問題となるので，市町村民税所得割の補填と重なることとなり，二つの減税補填を実施することは難しいという思惑もあった[18]。このように，自治省としては課税方式の統一を計画していたわけであるが，減収補填の問題もあり，課税方式の統一を自治省の意向のみによって行うことは困難であった。

池田首相の減税方針

　この早川自治相の発言の数日後，8月15日に池田勇人首相は首相官邸に泉美之松大蔵省主税局長を招き，輸出振興の税制優遇措置を立案するよう指示すると同時に，住民税を減税し市町村の税負担の格差を是正する必要があると強調した。さらに，この減税で地方財政が圧迫される場合は国庫支出を増やし，この穴埋めをすることもやむを得ないという意向を漏らし，その代わりに所得税の大幅な減税については消極的な態度を示した[19]。そして，翌日の閣議においては課税方式の統一の方向で検討することに意見が一致した。その後，池田首相は青森市で開かれた「一日内閣（国政に関する公聴会）」後の記者会見においても，「地方税制の改正は必ず実行したい。一部に所得税の減税をさきにしろという意見もあるようだが，所得税をおさめきれない低所得世帯が過重な住民税に悩んでいることはなんとしても不合理だ」と述べ[20]，市町村民税所得割における市町村間負担不均衡の是正に強い意欲を示した。

　それまで慎重に検討されてきた課税方式の統一が実施の方向で検討が進められるようになった背景には，1963年11月に実施された総選挙がある。自民党は総選挙に際して2,000億円減税の断行を旗印とする選挙公約を掲げ，「住民税を本文方式に統一して，地域による負担の不均衡を是正する等負担

---

18)　金融財政事情研究会（1963a），p. 8.
19)　『読売新聞（朝刊）』1963年8月16日。

の軽減を行なう」と謳った[21]。池田首相の意向が自民党の減税公約のもととなったわけである。

　自民党が課税方式の本文方式への統一を選挙公約のうちに掲げたのは，但書方式を採用する市町村に居住する人々に対する減税とその支持を得るためであると考えられる。1950年代以降，アジェンダとしての減税は常に存在し，選挙の最重要争点となり，選挙のたびに減税に向けての世論の圧力が強力に作用していた[22]。実際に市町村民税所得割の課税に但書方式が適用された住民たちは市町村民税所得割に対して重税感を抱き，減税を望んでいた。そうした人々に対して減税公約を掲げることは得票を期待することができたことを衆議院地方行政委員会における宇野宗佑委員の発言から推測することができる[23]。

　また，総選挙の前に行われた4月の統一地方選の不振[24]もこうした公約を掲げる一因であったものと思われる。

---

20)　『読売新聞（朝刊）』1963年9月8日。
　　なお，『朝日新聞（朝刊）』1963年9月7日によれば，「一日内閣」は一般から政府に対する注文，希望を生の声で聞こうというものであり，同日朝9時30分から3時間半にわたって青森市県立体育館で開かれた。その内容はNHKテレビとラジオにおいて約1時間にわたって全国中継された。出席者は池田首相をはじめ，田中蔵相，河野建設相，赤城農相らであった。また，『朝日新聞（朝刊）』1963年9月8日によれば，青森市で行われた「一日内閣」は前年10月の岡山市に続いて2回目の開催であった。記事には「質問者の一老人は『東北地方にこれだけの閣僚がそろったのは明治天皇の行幸以来ははじめてのことだ』」ということで，「首相らのひそかなねらいどおり選挙対策としての成果もなかなかのようだ」と記されている。

21)　地方財務協会編（1964），pp. 12, 50.
22)　大嶽（1991），pp. 180-181.
　　なお，小宮（1975）によれば，減税政策は特に所得税減税中心に進められており，その背景として，所得税を負担する階層の政治的な発言力が所得税を支払わない階層のそれに比してはるかに大きかったことを挙げている。高額所得層の利害と密接に結びついている保守政党は世界中ほとんどどこの国でも所得税減税に積極的であったが，日本では社会主義政党までもが所得税の減税に熱心であった。これは保守勢力によって完全に支配されている政府と特定の利害関係グループとの結びつきに対する警戒心が一つの要因であるが，より根本的には社会主義政党の支持階層が日本では比較的所得水準が高く，所得税の減税によって利益を受ける階層であるという事情によると指摘している。

大蔵省・政府税制調査会の意向と異例の決定プロセス

　こうして課税方式が統一される方向で検討が進められようとする中，8月23日には政府税制調査会において市町村民税の実態調査結果が公表された。但書方式を採用する市町村においては，その負担が著しく重いこと，市町村を異にすることによってその負担にかなりの格差があることが確認された。これらの市町村は住民負担が重く，しかも行政水準が低い貧弱市町村であることが実態調査の結果明らかにされた[25]。この実態調査結果が公表された政府税制調査会地方税制部会の意見は，次のようなものであった。

一．国に所得税を納めなくても，住民税は納めなくてはならぬ人が多いが，これは狭い地域内での公共の利益を分担するという意味で当然のことだ。場所による負担の違いは，議会を通じて住民の了解を得たものとみれば，これもある程度はやむを得まい。

一．市町村の議会を構成するのは，大半が農民，商店主など申告所得者で，実質上の税負担が軽い人たちである。税金を天引きされて負担が実質上重い給与所得者の意見が政治に反映されることは少なく，住民税への不満がはっきりと出ないことにも問題はあろう。

一．住民税負担の極端な開きは，やはり縮めてゆく必要があろう。そのためにはいわゆる「本文方式」に近いやり方に統一することだけを実施するのも一法だ。その場合，代りの財源を国がアナ埋めするが，減収分をそのまま埋めるのではなく，市町村側にも支出の切詰めを求めるべきである。これらの貧しい市町村ほど放漫な財政になっているところが多いからだ。

---

23)　1963年2月28日の第43回通常国会衆議院地方行政委員会における宇野委員の発言（「国会会議録検索システム」）。
　　宇野委員は委員会において，新人が町村長選挙に減税公約を掲げて立候補するとその候補が当選してしまうほど住民は税負担の問題に対して敏感であるという趣旨の発言をした。
24)　自由民主党編（2006），pp. 208-210．
　　自民党は1963年4月に行われた統一地方選を「不振」と総括している。
25)　臼井他（1963），p. 8，中沖（1963），p. 93，地方財務協会編（1964），pp. 65-66．

こうした記述からわかるように，ある程度の市町村民税所得割の負担不均衡は問題ではなく，急いで統一を図る必要はないとの意見が地方税制部会の大勢であった[26]。全体として消極的意見が多かったのは代わりの財源問題の解決が容易ではないと考える委員が圧倒的だったからと大蔵省は判断していたようである[27]。後に政府税制調査会は，「市町村民税については，市町村を異にすることにより，その税負担に著しい不均衡を生ずることとなっている現状にかんがみ，この際，2年度間で負担の不均衡を是正する措置を講じる。その方法としては，課税方式を本文方式に統一することを主眼とし，あわせて，将来著しい超過課税が発生しないように措置しつつ，現行の準拠税率を標準方式に改める方向で合理化を図る」という答申をまとめることになるが[28]，検討当初から課税方式を統一すべきであるとしていたわけではなかった。

　ただし，課税方式の統一に関して政府税制調査会が果たした役割はそれほど大きくはなかった。先述したように，自民党は総選挙に際して2,000億円減税の断行を旗印とする選挙公約を掲げたが，その中で「住民税を本文方式に統一して，地域による負担の不均衡を是正する等負担の軽減を行なう」と謳い，これが「事実上39年度予算編成の骨組を決めるもの」となった[29]。

　2,000億円減税が決定された前々日の10月14日に田中角栄蔵相は池田首相を訪ね，大蔵省内で主計局は1,500億円減税案を主張し，主税局は2,000億円減税案に傾いていることを述べ，裁断を仰いだが，池田首相は裁断を保留した[30]。10月15日，泉主税局長と佐藤一郎主計局長が首相官邸において1,500億円減税案と2,000億円減税案とを提示し，2,000億円減税案を採る場合は財源から見て来年度の予算編成がかなり苦しくなると説明したが[31]，池田首相は2,000億円減税を決断し，記者会見で減税規模を発表した[32]。

---

26) 『朝日新聞（朝刊）』1963年8月24日。
27) 『読売新聞（朝刊）』1963年8月24日。
28) 財政研究会編（1983），p. 838.
29) 財政調査会編（1964），p. 13.
30) 『読売新聞（朝刊）』1963年10月15日。
31) 『朝日新聞（朝刊）』1963年10月16日。

また，田中蔵相は10月18日に行われた政府税制調査会総会に出席し，「地方税については来年度の地方財源は相当の自然増収もあるので住民税の地域による負担不均衡を是正し，電気ガス税の引き下げをはかりたい」と方針説明を行った[33]。なお，蔵相の出席は前例がなかった[34]。さらに，同日午後に行われた第44回臨時国会の財政演説においても，「明年度におきましては，まず，国民生活の安定向上をはかるため，所得税の減税と住民税負担の不均衡是正，住宅建設を促進するための不動産取得税，固定資産税の減免のほか，電気ガス税の減税を実施いたしたいと存じます。（中略）以上の見地から，明年度の税制改正におきましては，国税及び地方税を通じ，平年度二千億円に近い規模の減税を実施する所存であります」と市町村民税の不均衡是正を明言していた[35]。

　こうした形で総選挙に向けて政府与党が制度変更を推進し，政府税制調査会は敷かれたレールに沿って細目を検討すればよいという異例の段取りとなった。例年は大蔵省主計局の予算査定が終わったところで政府税制調査会の答申をもとに，大蔵省主計局と主税局で財源配分をめぐって検討したのであるが，この年は通常とは異なる決定プロセスとなった[36]。この頃，自民党税制調査会は政府税制調査会の答申の後に大綱を決定しており，税制改正の主導権は自民党税制調査会ではなく，政府税制調査会とその事務局であった大蔵省主税局が握っていたといわれている[37]。しかし，政府税制調査会の答申がまとまる前に政治主導で課税方式の統一は決まったようなものであり，中山伊知郎政府税制調査会長は「2,000億減税にはこだわらぬ」と述べていたが[38]，政府税制調査会の審議と政府に対する答申は形式的なものとなった。

---

32)　『朝日新聞（夕刊）』1963年10月16日。
33)　『読売新聞（夕刊）』1963年10月18日。
34)　金融財政事情研究会（1963b），p. 14.
35)　1963年10月18日の第44回臨時国会衆議院本会議における田中蔵相の財政に関する演説（国会会議録検索システム）。
36)　金融財政事情研究会（1963d），p. 14.
37)　佐藤・松崎（1986），pp. 112-114，木代（1985），pp. 47-49.
38)　金融財政事情研究会（1963d），p. 14.

3 課税方式の統一に伴う減収に対する補塡措置とアクター間の関係

減収補塡問題をめぐる対立

　課税方式の統一における最大の問題は市町村民税所得割の課税に但書方式を採用していた市町村の減収補塡をどのようにするかであった。先述したように，当初自治省においては市町村民税所得割の負担の市町村間不均衡解消を3年ないし5年の長期計画で実施するという考え方が強かった。これは国による減収補塡措置それ自体に反対している大蔵省の抵抗が強いと予想されたためであった。しかし，池田首相の方針を受け，自治省は課税方式の統一を2年計画の短期間で実施し，減税補給金創設の方針に踏み切った[39]。自治省税務局は減税補給金制度をやがて交付税の中に統合させようと考えていたが，自治省財政局との間で話し合いがつかず，減税補給金を5年間の漸減方式で交付するという方法を自治省案として予算要求を行った[40]。

　一方，大蔵省主計局は課税方式の統一が池田首相の直接の指示であったため正面からは抵抗できなかったが[41]，これに伴う地方自治体に対する減収補塡には反対であった[42]。また，田中蔵相は8月16日の閣議後の記者会見で次のように述べていた[43]。

　　「現行では住民税は都会のほうが安く，いなかへ行くほど高くなっているが，このような不均衡は当然，是正しなければならない。ただ，いなかの地方団体はほかに財源がないので，減税による減収分をどうして補てんするかが問題だ。自治省側は国が地方交付税などによってみるようにいっているが，大蔵省としては，それとともに財源調整や地方税の合理化など

---

39) 金融財政事情研究会（1963a），p. 8.
40) 地方財務協会編（1964），p. 13，柴田（1975），p. 333.
41) 金融財政事情研究会（1963d），p. 14.
42) 金融財政事情研究会（1963c），p. 14.
43) 『朝日新聞（夕刊）』1963年8月16日。

も考えるべきだと思う。」

　田中蔵相は課税方式の統一には賛成ではあったが，減収補塡のあり方については自治省の考えと異なっていた。大蔵省としては，
　① 　但書方式の廃止による減収分は，建前としては地方交付税交付金の傾斜配分の強化などの操作によってカバーすべき
　② 　しかも来年度は国税の自然増収によって地方交付税の枠が増え，市町村税も自然増収が見込めるので，これらによってある程度，減収分を補える
　③ 　一方，来年度は公共投資，社会保障などにかなりの予算を割かなければならないので，巨額の補給金を計上することは難しい
などとして，自治省が求める減収補塡措置に難色を示した[44]。
　自治省と大蔵省との意見対立を反映して，政府税制調査会においても意見がまとまらなかった。大蔵省で開かれた11月19日の答申起草委員会（中山会長，木村元一，松隈秀雄，松宮隆の三部会長）において地方税減税について検討されたが，席上，自治省側が①住民税減税分を国で補塡する，②電気ガス税は減税しないことを骨子にした独自の減税案を提出し，これをめぐって議論が紛糾した[45]。政府税制調査会は全体としての意見統一を図ることができなかったため，この補塡問題の具体的決定は政府に委ねるという態度をとった。
　政府税制調査会答申の後に決定された自民党の税制改正大綱は「減収については地方財政に支障をきたさないように補塡の措置を講ずる」とされており，多分に自治省の考え方を支持する含みをもっていた。また，自民党の地方行政部会はこの減税措置は国税・地方税を通じ，最も優先して行うべきものであるとの認識のもとに，「国において経過的に必要な減税補てんの財源措置を講じなければ実施することができない」（1963年12月10日地方行政部会決定）とし，自治省の考え方を支持した。この地方行政部会の態度表明が

---

[44] 『朝日新聞（朝刊）』1963年11月7日。
[45] 『読売新聞（朝刊）』1963年11月20日。

主軸となって自民党の党議は活発に行われたが，結局は予算に関わる問題として，予算編成の過程に残される形となった。自民党の税制改正大綱が決定された12月20日には，1964年度予算についての大蔵省原案が内示され，政府部内と自民党とで併行して復活折衝が始められた[46]。この間，自民党の地方行政部会は要望事項として，総額が毎年度20%ずつ逓減していく5年間限定の臨時減税補給金制度の創設を掲げ，自治省の考え方を支持し続けた（1963年12月23日）[47]。

一方，大蔵省は次のような反対理由を掲げ，自治省と引き続き対立した[48]。

　地方税の減税補てんについて
1．39年度の地方財政は，その規模において前年度に比較し，減税前で約2割，減税後（国税減税はね返りを含む）においても，1割7分程度増加するものと見込まれる。すなわち，減税前においては勿論，減税後においても地方財政規模の伸び率は国家財政の伸び率を上まわり，更に，収支においても，相当の黒字があるものと予想される。
　加えて，最近における地方財政は数年前に比し著しく成長し，その内容も良好な状態にあるので，地方団体としても，当然，独力で減税につとめるべきである。
2．今回特に問題になっている市町村住民税及び電気ガス税については次のように考える。
　　（1）市町村住民税について，今回の改正により本文方式に統一された場合の減収額を補てんすることは不適当である。すなわち，
　　　（イ）従来自主的に本文方式に移行した団体（36,37両年度間に108市町村）に対し著しく不公平な措置になる。
　　　（ロ）地方交付税制度では，ただし書市町村に対しても，すでに本文方式準拠税率によって課税しているものとして算定された

---

46)　地方財務協会編（1964），pp. 13-14.
47)　自治省（1968），p. 749.
48)　大蔵省財政史室編（1994），pp. 260-261.

額を配分している。従って，たまたま，ただし書市町村であるからとして，特別な財源措置をすることは本文方式市町村との間に不公平を生ずる。
(ハ) 不交付団体でも約1／4はただし書方式をとっており，他方，本文方式市町村の約8割は交付団体であって，しかも財政力の非常に強いものから比較的富裕なものにいたるまで広く平均的に分布している。従って，ただし書市町村が貧弱市町村であると速断することは誤りである。
(ニ) 今回の減税による減収が当該市町村の財政規模にしめる比率は，殆んどの団体（約97％）において5％未満である。従って，今回の減税によるショックを緩和しようとする趣旨から何等かの措置をとる必要があるとしても，それはショックの大きい少数の団体についてのみ考慮すれば足りる。
（後略）

全国町村会による運動の展開

では，何ゆえに自民党は自治省の考えを支持し続けたのであろうか。その要因を明らかにするために，全国町村会の動きに着目する。表2-6において確認したように，町村においては8割強が但書方式を採用しており，課税方式の統一による減収に対して補填措置が講じられるか否かは大きな問題であった。このため，全国町村会は中央政府が課税方式を統一する方向で検討を進めるようになって以降，自民党に対して減収補填措置を講じるよう主張し続けた。

全国町村会は，池田首相が課税方式の統一の意向を示す以前の1963年4月の時点では，「準拠税率や本文方式に戻した場合の減収に見合う代り財源は，現行の独立税主義を中核とする地方税の立前からは簡単にはでてこないであろう」という考えであったようであるが[49]，池田首相が課税方式の統一

---

49) 全国町村会（1963a），p. 3.

の意向を示した後の「昭和39年度の地方税制の改正に関する意見」においては課税方式の統一と減税補給金制度の創設を求め[50]，9月27日に行われた自民党税制調査会による地方六団体代表に対する意見聴取の際には，山本力蔵会長が出席し，課税方式の統一に関しておよそ次のような意見を述べた[51]。

　来年度に措置すべき第一の問題は住民税のあり方である。住民税の負担が地方団体間で大きな格差を生じているのは周知のところであるが，問題は財政力の貧弱な団体ほど負担が重いという矛盾があることからである。
　従って相対的に重い負担でしかも行政水準は低いという矛盾した結果が生じているのであって，不公平も甚だしい。住民としても行政サービスと税負担のいずれを選ぶかという選択の余地は残されていない。
　これは地方税財政制度そのものに欠陥があるといわねばならない。貧弱団体の財政力を強化することで自然に解決するということでは間に合わない。そこで私どもは，まず税負担の軽減をはかり，これに伴う諸般の財政措置を契機として問題の根本的解決をはかるべきであると考えた次第である。
　問題は税収減について地方団体自体では全く対策をたて得ないことにある。貧弱団体に歳入欠陥を生ぜしめて行政レベルをさらにおとすことは不可能であり，交付税の傾斜配分は基本的な対策であるが，当面の減収にたいする見返りということとは性質を異にするであろう。貧弱団体が減税にふみきるにはどうしても直接的，具体的な補てん財源が前提になると思われる。経過的な措置として減税補給金の創設を強く要望しているのはこの事由にもとづくものである。
　住民税の負担軽減は窮極には財政問題である。この点の認識が改革の第一歩であるとすら考えられるものである。

　また，総選挙後には山本会長の後任の河津寅雄会長と各都道府県町村会長

---

50)　全国町村会 (1963b), p. 1.
51)　全国町村会 (1963c), p. 1.

の連名で，当選した地元選出議員に対し，課税方式の統一に関して「住民税の不均衡の是正，負担の軽減については，国において所要の財源措置を講じ，町村に歳入欠陥を生ぜしめないことを前提に措置されたい」と要望した[52]。

さらに，12月10日には全国町村会政務調査会を開き，この年は「臨時国会対策推進本部」を設けて年末いっぱい強力に実行運動を行うこととした。会議終了後，河津会長と全政調委員は衆議院へ出向き，自民党地方行政部会に対して「地方税改正については，町村自治の進展と後進団体の財源確保について十分配慮してほしい」と要望を行った。翌11日には全国町村会講堂で関係国会議員を招いて朝食会を開き，全国町村会常任理事と政調委員らが出席し，同様の要望を行った[53]。

こうした中，大蔵省が課税方式の統一に伴う減収に対する補塡措置を行わないとの態度を堅持しているということが全国町村会に伝えられ，今後の予算折衝において難航が予想されたため，12月10日以降，各都道府県において但書方式を採用する町村は地元出身国会議員に対し，市町村民税減税補給金要求額240億円を確保方の電報陳情を行った[54]。

加えて，予算の内示が行われた4日後の12月24日には全国町村議長会と共催で「減税補てん財源要求全国町村大会」を東京・平河町の砂防会館で開催し，早川自治相，中島茂喜自民党政務調査会地方行財政部長などを来賓として招いて「市町村民税の減税補給金の確保」などを決議した。大会終了後，各都道府県町村会長と町村議長会長らが中心となって，自民党地方行政部会や黒金泰美官房長官に陳情を行った[55]。こうした大会の開催は異例のことであった[56]。

その後も全国町村会は運動を展開した。12月20日の予算の内示以降の運動をまとめたものが表2-7である。全国町村会は自治省財政局長から予算折衝の経過説明を受けながら運動を展開し，自民党総務会長を含む総務会への

---

52) 全国町村会 (1963d), p. 1.
53) 全国町村会 (1963e), pp. 1-2.
54) 全国町村会 (1972), p. 205.
55) 全国町村会 (1964), pp. 12-13.
56) 全国町村会 (1964), p. 8.

表2-7　全国町村会年末実行運動の経過（12月21〜27日）

12月21日	自治省財政局長から各省内示案について地方六団体に説明。今後は毎日経過説明することを約束した。
12月24日	「減税補てん財源要求全国町村大会」を開催。 近畿，中国地方の町村長陳情。
12月25日	自民党総務会に陳情（河津会長，杉山事務局長）。 自民党政策審議会，総務会全委員に対して電報陳情を行うよう各都道府県町村会に依頼。 北信，東海地方各県町村会長はじめ町村長が上京して陳情。 黒金官房長官，早川自治相に陳情（河津会長，杉山事務局長）。
12月26日	早朝，田中蔵相に河津会長と前田全国町村議長会長が陳情。
12月27日	市川副会長（山形県町村会長）ほか山形県町村長22名が上京。黒金官房長官はじめ同県選出国会議員に陳情。 新潟県湯沢町，西山町長が田中蔵相に陳情。 中野青森県町村会長が森田衆議院地方行政委員長に陳情。 小磯神奈川県町村会長が藤山自民党総務会長に陳情。

出所：全国町村会（1964）より作成。

陳情を3回，田中蔵相と黒金官房長官への陳情を2回行うなど政府与党に対して陳情活動を行った[57]。

　予算折衝の際に自民党が自治省の考えを支持し続けた背景には，全国町村会のこうした強い働きかけがあったものと思われる。8割強が但書方式を採用していた町村に対して減収補填措置を講じることによって全国町村会の支持を得るのは，議員が自らの当選可能性を高めるには必要なことであった。

減収補填問題の決着

　この減収補填問題は復活折衝の過程において難航をきわめた末，12月28日の政府部内における最終段階たる大臣折衝に決着が委ねられ，前後4時間にわたる交渉の結果，「課税方式の統一と標準税率制度の設定」を1964年度

---

[57]　なお，衆議院事務局（1961）によれば，黒金官房長官は旧山形一区の選出であったが，山形県内の全市町村は但書方式を採用していたことを表2-8より読み取ることができる。

および1965年度の2年間で行うこととし，その減税額300億円の半分150億円ずつについて，起債を認め，その元利補給をするということが決められた[58]。大臣折衝の段階で，補給金に代え，元利補給付地方債の発行という自民党の一部から出された妥協案を自治省が呑むこととなり，大臣折衝がまとまったのであった[59]。なお，自民党総務会は大臣折衝が行われた12月28日に「予算編成の大臣折衝の際に党側から政務調査会長及び政務調査会副会長が立ち合うこととする」と決定した[60]。これにより，この大臣折衝にも自民党政務調査会正副会長が同席し，それゆえに先の妥協が成立したものと思われる[61]。

元利補給付地方債の創設の結果，地方債計画は大きな影響を受けた。当時，大蔵省理財局はこのような事態の発生を予想していなかったらしく，不意に150億円もの資金を捻出させられることとなったため，自治省財政局との折衝は難航をきわめた。減収補塡の地方債の話がまとまらなかったため地方債計画が決まらず，財政投融資計画が決まらないために閣議が開催できないという事態に陥ったが，自治省の妥協の結果[62]，昭和39年度地方債計画に150億円の政府資金が追加増額され，予算案には起債の昭和39年度分の国の利子補給として3億円が計上された。こうして市町村民税減収補塡のための政府案ができあがったのであった。

しかし，法律案の提出の段階になっても自治省と大蔵省の対立は続いた。第1に，元利補給付地方債の発行年度の問題であった。大蔵省はこの地方債の発行は1年目だけの措置であって，2年目以降の分は認めないと主張した。これに関しては大臣折衝後，両省間で交渉が行われ，また自民党総務・政審合同会議で問題とされ，自治省案通り5年間の漸減方式となった。第2に，元利補給の方法についての問題であった。大臣折衝では国が3分の2を元利

---

58) 地方財務協会編（1964），p. 14.
59) 柴田（1975），p. 334.
60) 村川（1986），pp. 103-104.
61) 村川（1986）においては，これが予算編成の際の党の政策意思をより具体化させる契機となり，自民党主導の予算編成へと道が切り拓かれたと述べられている。
62) 柴田（1975），pp. 335-336.

補給し,残りの3分の1は地方で賄うと決められたが,その方法について見解の相違が見られた。自治省および自民党は地方交付税の計算の基礎とされる基準財政需要額に算入することによって,地方財政全体で措置するものとしていた。これに対し,大蔵省は減収の生じる関係市町村の自己財源で,すなわち自力で措置すべきであると考えていた。この両者の考え方の対立が地方税法改正案の提案を遅らせる結果となった。予算折衝の過程で相互に自己の考えで決まったものと思い込んでいたことが,解決を長引かせた一因であった。両省間で度重なる折衝が行われ,途中では大蔵省から特別交付税で措置してはどうかとの提案もなされたりしたが,事柄は地方財政に属することであり,特に全市町村の8割以上が関係市町村であること,元利補給額の3分の1は予見し得る需要額であること,普通交付税の基準財政需要額に算入することによって財源保障が的確に行われるものであること,これによって関係市町村の財政の計画的運営が期せられるなどの理由から,政府与党間の問題になり,結局,元利補給については,地方税法の一部改正法案とは別個の法案とすることによって,内容的には自治省案の線でまとまった[63]。

このようにして,減収補塡措置として関係市町村に元利補給付の減収補塡債の発行が5年間にわたって認められるとともに,その元利償還費は3分の2が国庫から補給され,3分の1が毎年度の基準財政需要額に算入されることとなった。また,この元利補給付の減収補塡債(臨時減税補塡債)は,毎年度20%ずつ逓減していく方式が採られることとなった[64]。

減収補塡のための元利補給付地方債は,減税補給金によって減収補塡を行

---

63) 地方財務協会編(1964), pp. 14-15. 柴田(1975), p. 337.
64) 地方財務協会編(1964), pp. 132-133.
　　なお,この減収補塡債の発行は国会において赤字公債論議を呼び起こしたが,田中蔵相は「この税制改正によって減収が起こる市町村が非常に恵まれない地方であり,僻地で,一般の税率ではどうにもならないという特殊な事情にあるのでありますから,これらの地域に対して,政府がより高い立場で財源を一部持ってやろうという考えに立って行なったわけでありまして,赤字公債などの類のものではないことは,過去の例に徴しても明らかなことであります」と述べている(1964年1月19日の第46回通常国会衆議院本会議における河野委員の質問に対する田中蔵相の答弁(国会会議録検索システム))。

36

うべきであるとした自治省・自民党と，減税に伴う新規の歳出を認めない大蔵省との間の妥協により生まれたものであったが，課税方式の統一に伴う減収に対する補塡措置は講じられることとなった。そして，その背景には減収補塡措置を求めた全国町村会による自民党に対する強い働きかけがあった。

4　市町村民税所得割における市町村間の負担不均衡と政治的支持

課税方式統一の公約化の背景

　以上が課税方式の統一とそれに伴う減収に対する補塡措置をめぐるアクター間の関係である。では，何ゆえに自民党は課税方式の統一を選挙公約として掲げたのであろうか。先にその要因として，但書方式を採用する市町村に居住する人々に対する減税と，その支持の獲得を挙げた。

　ただし，但書方式を採用する市町村に居住する納税義務者数は本文方式を採用する市町村に居住する納税義務者数よりも少なかった。表2-5から読み取ることができるように，本文方式が適用された納税義務者は1,174.7万人であったのに対し，但書方式のそれは766.8万人であり，たしかに数のうえでは前者が後者を上回っていた。しかし，表2-8から読み取ることができるように，課税方式の統一が議論された時期において，納税義務者総数に占める但書方式を採用する市町村に居住する納税義務者数の割合が50％を超えていた都道府県の議員定数の合計は議員定数総数の過半数であり，そうした都道府県から選出されていた自民党代議士数も自民党代議士総数の過半数であった。したがって，但書方式を採用する市町村に居住する納税義務者から支持を得ることは，自民党代議士が再選可能性を高めるには必要なことであったといえる。それゆえ，人数としては少数派であった但書方式を採用する市町村に居住する納税義務者のための減税が重要な意味をもった。

　さらに，池田首相が課税方式の統一の方針を打ち出した理由として，社会党の政策の影響が考えられる。社会党は課税方式の統一に関して「貧弱市町村の"低い行政サービスに高い税金"という事態を解消しなければならない

表 2-8 都道府県別の納税義務者総数に占める但書方式を採用する市町村に居住する納税義務者数の割合，衆議院議員定数，自民党代議士数

都道府県	割合 (%)	衆議院議員定数	自民党代議士数	都道府県	割合 (%)	衆議院議員定数	自民党代議士数
北海道	33.4	22	12	三重県	57.9	9	5
青森県	60.4	7	6	滋賀県	85.9	5	2
岩手県	84.3	8	6	京都府	21.6	10	4
宮城県	53.8	9	6	大阪府	0.2	19	7
秋田県	77.3	8	5	兵庫県	19.8	18	10
山形県	100.0	8	6	奈良県	75.8	5	4
福島県	100.0	12	7	和歌山県	34.6	6	4
茨城県	68.1	12	9	鳥取県	77.1	4	3
栃木県	92.7	10	6	島根県	92.2	5	4
群馬県	98.4	10	6	岡山県	71.5	10	7
埼玉県	26.8	10	6	広島県	49.5	12	8
千葉県	41.4	13	10	山口県	51.4	9	6
東京都	0.0	27	15	徳島県	100.0	5	4
神奈川県	1.4	13	8	香川県	99.0	6	4
新潟県	82.3	15	8	愛媛県	91.3	9	7
富山県	67.9	6	4	高知県	97.2	5	4
石川県	66.2	6	5	福岡県	24.7	19	10
福井県	99.6	4	3	佐賀県	100.0	5	3
山梨県	98.3	5	4	長崎県	46.3	9	6
長野県	89.1	13	8	熊本県	69.0	10	7
岐阜県	54.4	9	5	大分県	99.8	7	5
静岡県	25.8	14	10	宮崎県	81.0	6	4
愛知県	6.5	19	12	鹿児島県	97.6	10	8
合計	－	463	293	割合が50%を超える都道府県の合計		252 (54.4%)	171 (58.4%)

注：衆議院議員定数および自民党代議士数は，1960年11月20日に行われた衆議院議員総選挙の結果について選挙区ごとの人数を都道府県別に集計したものである。
出所：自治省 (1964) および衆議院事務局 (1961) より作成．

というわが党のこれまでの主張を政府がやっととりあげることになった」と主張していた[65]。では，何ゆえに自民党が社会党の政策を取り入れる必要があったのかといえば，自民党得票率が低落傾向にあったためであると考えられる。当時，自民党の石田博英氏の「保守退潮の理論」（「保守政治のビジョン」『中央公論』1962年12月号）が保守陣営の中で注目を集めていた。その内容は「保守党の支持率は，農村等就業者の減少に並行しており，第2次産業就業者の（労働組合員数も）増加と革新政党の支持率は並行している。昭和21年以降の保守，革新の得票比率を見ると，前者が下降線をたどっているのに比べ，後者は上昇線を描いている。従って，今のままの状態で，自民党が何もしなければ，1970年ごろには社会党政権が誕生する」というものであった。一時期，自民党の将来を論じる場合，石田氏の主張がしばしば引き合いに出された[66]。現実にはそうならなかったことは周知の通りであるが，池田首相は，社会党の政策に対抗するために課税方式の統一の方針を打ち出したとも考えられる。

---

65) 日本社会党政策資料集成刊行委員会等編（1990），p. 282.
　朝日ジャーナル編集部（1963）においては秋田県湯沢市と広島県松永市の地区労（地区労働組合協議会）が市町村民税の減税運動を展開する様子が取り上げられている。地区労は旧総評系であったため，社会党が課税方式の統一を主張していた背景には，こうした運動の存在があったのかもしれない。なお，『朝日新聞（朝刊）』1963年8月9日によれば，全国のあちこちで市町村民税の減税運動が活発になっていたようである。

66) 自由民主党編（2006），pp. 209-210.
　なお，前年に社会党の江田三郎書記長が「江田ビジョン」を発表しており，その反響に脅威・危機感を抱いて石田氏は「保守政治のビジョン」を執筆したといわれる。石田氏は第1次岸改造内閣（1957年7月～1958年6月）と第1次・第2次池田内閣（1960年7月～1962年7月）において労相を務め，総選挙の4か月前の1963年7月に自民党全国組織委員長となり，1964年7月の第3次池田改造内閣において労相に返り咲いている（首相官邸ホームページおよび『朝日新聞（夕刊）』1963年7月27日）。また，石田氏は朝日新聞のコラムの中で「大体，わが国では社会主義政党だけが労働者の味方というようないい方が通用しているが，こりゃおかしな話じゃないか。だから，わが党としても，どうやって週四十時間の労働制を確立するか，どうやってヨーロッパなみの賃金水準にするかなど，労働階級の求める政策を，ズバリ明示しなくちゃいかん。こいつを忘れば，自民党には今後の発展がないともいえる」と述べている（『朝日新聞（朝刊）』1963年8月13日）。

課税方式統一の潜在的受益者

　以上が課税方式の統一を池田首相が指示した理由に関する仮説であるが，本文方式を採用する市町村に居住する納税義務者にとっても，課税方式の統一という公約は無関係ではなかったと考えられる。当時，新聞や雑誌の記事において市町村民税所得割の負担不均衡の問題がたびたび取り上げられていたのであるが，その中に注目すべき記述がある。

　朝日新聞の「不公平な住民税」という記事においては「サラリーマンなら，毎月の月給袋から引かれる住民税がバカにならないほど高いのに気づいて，しぶい顔になる。特に，転勤などで地方の町へ移ったときなど，急に税額が数倍にもはねあがり，イヤな思いをした人も多いだろう。（後略）」とある[67]。また，読売新聞の「住民税引き下げの動き」という記事においては，架空のAさんという人物を登場させ，東京都内から秋田県能代市の出張所に転勤したことによって所得割額が年間2,630円から15,090円に増えたとし，「こんな方式（引用者注：但書方式）があったのでは，サラリーマンは農村に住めない。新産都市がどうの，首都圏がどうのといっても，これでは大都市に人口が集中するのはあたりまえ」とAさんに憤慨させる形で主張を展開している[68]。さらに，朝日ジャーナル編集部（1963）においては「住民税 高いまち・安いまち」という特集が組まれ，政府税制調査会資料の中で市町村民税所得割の負担額が高いほうに位置づけられていた秋田県と広島県の市町村を取り上げ，「（前略）秋田市の市民税も県下では安いほうだが，超過税率をかけているので，本文・準拠税率をとる大都会の約二倍，転勤者達には大きな不満のタネになっている。（中略）単身，仙台から転勤して来た，相田音吉能代税務署長は，年間二万八千円だった市民税が，一躍五万九千円にハネ上がり，『家族を置いてオレは出かせぎに来ているんだ。なんとか仙台のほうで市民税をおさめるわけにいかんか』とあわてて秋田市の県税事務所にかけ

---

67) 『朝日新聞（朝刊）』1963年8月31日。
68) 『読売新聞（朝刊）』1963年9月11日。
　なお，新産都市とは全国総合開発計画の一環として新産業都市建設促進法に基づき指定された地方の工業開発の拠点都市の略称である。

こんだ。税金とりの本職が税金に泣かされるくらいだから，福島から来たある主婦が月に一三〇〇円だった市民税が三九〇〇円となり，はじめて令状を手にしたときは思わずカーッとなったと述懐するのも無理からぬ話だ。（後略）」といくつかの「月給取りの不満」の例を挙げている[69]。

　こうした記事は，但書方式を採用する市町村に居住する納税義務者に市町村民税所得割の負担額の相対的な高さを認識させるだけではなく，本文方式を採用する市町村に居住する納税義務者であっても，転勤によって但書方式を採用する市町村に転居すれば市町村民税所得割の負担額が増加する可能性があったことを示している。こうした記事によって市町村民税所得割における負担不均衡が但書方式を採用する市町村に居住する納税義務者だけではなく，本文方式を採用する市町村に居住する納税義務者に認識されることになる。表2-6において確認したように，およそ8割の市町村が但書方式を採用しており，そこに居住する人々（特に給与所得者）の重税感についてはすでに触れたが，転居の可能性のある給与所得者にとっても大きな問題であった。特に給与所得者の所得捕捉率は高いため，負担が大きく増えることになる。

　そして，こうした記事は政府税制調査会資料をもとに執筆されたものであり，その政府税制調査会資料を作成したのはほかならぬ自治省であった。

　したがって，課税方式の統一という公約は，自治省が政府税制調査会において公表した調査結果をもとに構成された「但書方式を採用する市町村に転居すると住民税負担額が増える」という新聞・雑誌報道によって，本文方式を採用する市町村の納税義務者のうち転居の可能性がある人々にとっても意味のある公約になったのである。高度経済成長のもと，給与所得者数が増え続けていたことから考えれば，転居の可能性がある人々は少なくなかった。したがって，本文方式を採用する市町村に居住する納税義務者は直接的な課税方式の統一の受益者ではなかったが，その一部は潜在的な受益者であったといえる。

　池田首相が打ち出した課税方式の統一の方針は，但書方式を採用する市町

---

69)　朝日ジャーナル編集部（1963），p. 92.

村に居住する納税義務者からの支持だけでなく，自治省による調査結果をもとにした新聞・雑誌報道を通じて，本文方式を採用する市町村に居住する納税義務者のうち転居の可能性がある給与所得者からも支持が得られる政策となったと考えられる。

おわりに

　本章においては，課税方式の統一の背景にどのような要因が働いていたのかということについて分析を行った。本章の内容を要約すれば，次の通りである。

　課税方式の統一以前に但書方式を採用していたのは主として財政力の弱い市町村であり，課税方式の統一は市町村民税所得割における負担水準の市町村間不均衡という問題を解消するという政策目的に基づいて行われた。その推進力となったのは，1963年に行われた総選挙に際して自民党が掲げた減税公約であり，課税方式を統一するという池田首相の強い意向であった。課税方式の統一に果たした池田首相の役割は大きかった。自治省は池田首相の方針を受け，それまで慎重に検討してきた課税方式の統一を2年計画の短期間で実施し，減税補給金を創設するという方針に踏み切った。そして，予算折衝の過程において全国町村会の陳情に動かされた自民党の支持を得ながら，大蔵省が反対する減収補填措置とともに課税方式の統一と標準税率・制限税率制度の導入を実現させたのであった。さらに，池田首相が打ち出した課税方式の統一の方針は，但書方式を採用する市町村に居住する納税義務者からの支持だけでなく，自治省が政府税制調査会において公表した調査結果をもとにした新聞・雑誌報道を通じて，本文方式を採用する市町村に居住する納税義務者のうち転居の可能性がある給与所得者からも支持が得られる政策となったと考えられる。

　このように池田首相が課税方式の統一を主導したわけであるが，その背景には，地方自治体の減税と平等化の要求，特に全国町村会による強い働きかけがあった。したがって，地方自治体に対する制度による拘束は，中央政府

の意図のみによってもたらされるのではなく，但書方式を採用していた多数の地方自治体が政治過程を通じて実現したともいえる。つまり，多数の地方自治体の減税と平等化の要求を背景として構築された地方税制度が地方自治体全体を歳入面から拘束することになったのである[70]。

---

70) ただし，課税方式の統一後ただちに画一的な税率構造が成立したわけではなく，標準税率より高い税率で課税する地方自治体も存在し，1968年4月1日の段階で全国3,290市町村のうち1,016市町村が超過課税を実施していた。こうした超過課税を自治省は，1969年度から3か年計画で市町村に特別交付税を交付することによって解消することとし，初年度には減収分の5割，2年目は4割，3年目は3割を補塡することとした。その結果，超過課税を行う市町村は，1969年度には899市町村，1970年度には577市町村，1971年度には73市町村となった（『朝日新聞（朝刊）』1969年3月16日，同1971年4月16日，7月19日）。

第3章

1970年代における地方交付税制度の財政調整機能

はじめに

　地方交付税の交付総額は，1970年代後半に国税の一定割合と大きく乖離した状態が続いた。大幅な財源不足に対しては，交付税特別会計の借入や地方債振替といった特例措置が行われるようになった。その理由については，オイルショック以降の国税収入の低迷と地方における財政需要の増加とによるものであると説明されるが，こうした地方交付税制度の運用の変質過程について，後述するように十分な分析が行われてきたとは言い難い。
　表3-1は1970年代における地方財政の主な措置をまとめたものである。この表から読み取ることができるように，1975年度以降，交付税特別会計の借入や地方債の増額が大きくなっている。たとえば，1976年度には2兆6,200億円の財源不足に対して，交付税特別会計の借入1兆3,141億円，財源対策のための地方債が1兆2,500億円措置された。後者のうち8,000億円は交付税の投資的経費振替に伴う建設地方債（道路関係費を除く公共事業費および高校新増設費関係。元利償還金のおおむね80％を基準財政需要額に算入），4,500億円は地方財政法第5条の特例として発行を認められた地方債（基準財政需要額中の包括算入分の振替。元利償還金の100％を基準財政需要額に算入）であった。その後の年度においても交付税特別会計の借入と財源対策債（建設地方債）の増額を中心にして，財源不足額は補填された[1]。

表3-1　1970年代における地方財政の主な措置

(単位：億円)

年度	区分	項目	金額
1970 (年度)	当初	地方債の増額	735
	補正	地方交付税の増額修正	300
1971	当初	地方債の増額	839
	補正	地方交付税の減額	△1,274
		交付税及び譲与税特別会計における借入	1,296
		地方債の増額	2,522
1972	当初	臨時地方特例交付金	1,050
		交付税及び譲与税特別会計における借入	1,600
		地方債の増額	4,908
	補正	地方債の増額	2,954
1973	当初	交付税及び譲与税特別会計における借入	950
		地方債の増額	1,361
	補正	地方交付税の増額	4,240
		交付税及び譲与税特別会計借入金減額および過年度借入金の繰上げ償還	△1,996
1974	当初	地方交付税の減額	△1,680
		地方債の圧縮	△450
	補正	地方交付税の増額	7,843
		地方債の増額	1,771
1975	当初	地方債の増額	1,958
	補正	地方交付税の減額	△11,005
		交付税及び譲与税特別会計における借入	11,200
		地方債の増額	13,812
1976	当初	交付税及び譲与税特別会計における借入	13,141
		地方債の増額	16,421
	補正	地方債の増額	1,720
1977	当初	臨時地方特例交付金の交付	1,557
		交付税及び譲与税特別会計における借入	9,400
		地方債の増額	10,350
	第1次補正	地方交付税の減額	△960
		交付税及び譲与税特別会計における借入	960
		地方債の増額	5,008
	第2次補正	地方交付税の総額の確保	―
		地方債の増額	2,742
1978	当初	臨時地方特例交付金の交付	2,251
		交付税及び譲与税特別会計における借入	15,500
		地方債の増額	13,500
	補正	交付税及び譲与税特別会計における借入	960
		地方債の増額	5,968
1979	当初	交付税及び譲与税特別会計における借入	22,800
		臨時地方特例交付金の交付	3,766
		地方債の増額	16,400
	補正	地方交付税の翌年度への繰越し	△6,197
		地方債の増額	534

出所：『地方財政要覧（各年版）』より作成。

特に後者の財源対策債については，増発された地方債が基準財政需要額に算入され，普通交付税の配分に影響を与えることとなった。古川（1995）は，普通交付税の配分に直接関係するのは地方債の増発であるとして，次の3点を指摘している。

第1に，財源対策債は基準財政需要額の投資的経費を振り替える形で発行されるから，それだけ地方団体の財源不足額（＝普通交付税の交付基準額）は圧縮されるが，この振替操作において投資的経費の圧縮が画一的に行われるのに対して，財源対策債の発行は個々の団体における建設事業費の動向に依存する。したがって，個別団体においては財源対策債の発行額が投資的経費の圧縮額と必ずしも一致せず，普通交付税の団体間配分を攪乱する危険がある。

第2に，財源対策債の元利償還費は，発行の翌年度以降の基準財政需要額に算入され，地方団体の財源不足額をそれだけ増加させる。この公債費の需要額算入は1982年度まで財源対策債の実際の発行額を基準としたから，この面からも普通交付税の配分は影響を受ける。

第3に，地方税減収補塡債の発行は需要額と収入額の両方に影響する。都道府県の場合，法人二税について減収補塡債の元利償還費が基準財政需要額に算入される。この場合，次年度以降における基準財政収入額の算定にあたって，法人二税の精算は行われない[2]。したがって，財政運営に余裕のある団体では，減収補塡債を発行しないか，発行額を抑えて次年度以降に精算を受けたほうが有利となり，財政運営に余力のある団体に対する一種の「逆再配分」の可能性が生じる。

このような指摘を行ったうえで，都道府県については財政力指数を基準に六つのグループに分け，市町村については特別区，指定市，都市，町村に分けて，基準財政需要額および基準財政収入額の中身について検討し，需要額における公債費の伸びが極めて大きかったことを明らかにしている。

---

1) 石原（2000），pp. 146-155.
2) 法人二税における精算は，翌年度に前年度の推計額と実績額とを調整するための制度である。

古川 (1995) では詳細な分析が行われているが，グループ別の特徴を指摘するにとどまっており，普通交付税の団体間配分の攪乱や「逆再配分」について必ずしも実証的に明らかにしているわけではない。また，藤田 (1984) は，1975 年度と 1980 年度とを比較して，財政指数を基準に分けた都道府県の五つのグループの間で，歳入に占める一般財源の割合の差が拡がっていることをもって地方交付税の財政調整機能が弱まっていると論じているが，この期間の差の拡大は歳入に占める地方税の割合によって生じたものであって，これを地方交付税の財政調整機能の低下と見るのは必ずしも正しくない。

　そこで本章においては，『地方交付税関係計数資料』などの都道府県別データを用いて分析を行い，1970 年代後半に生じた地方交付税制度における変化について明らかにする。

1　1970 年代後半における地方財政対策

巨額の財源不足と地方財政対策

　分析を行う前に，1970 年代後半における地方財政対策について，より詳しく見ておきたい。

　経済の停滞を反映して，1975 年度の国税および地方税とも当初見込額を大幅に下回る見通しとなり，国は租税および印紙収入を減額補正するとともに，赤字公債を含む国債の増額発行による財源確保を図り，国家公務員の給与改定，不況対策などの諸措置を講ずることとなった。地方財政においては，国の補正措置に伴う地方交付税の総額の大幅な落ち込みに対する措置，地方公務員の給与改定等に要する所要財源の確保，地方税の当初見込額の大幅落ち込みに対する減収補塡債による措置，不況対策として行われる公共事業等の追加に要する財源措置等が講じられることとなった。具体的には，国の一般会計補正予算において減額された 3 兆 4,390 億円の交付税原資である国税三税の 32％分に相当する 1 兆 1,004 億 8,000 万円が 1975 年度の地方交付税の当初計上額から減額され，この減収補塡と給与改定等に伴う増加財政需要に対する財源措置とを合わせて 1 兆 1,199 億 8,000 万円について，交付税特

別会計において資金運用部から借入措置が講じられた[3]。

また，地方財政計画に見込まれた地方税収入額8兆8,850億円のうち，法人関係税で9,542億円，個人関係税で1,090億円，合計1兆632億円の減収が見込まれ，これに対処するため特例地方債（地方税減収補塡債）が発行されることとなった。この特例地方債のうち法人関係税に係るものについては，1976年度以降10年度間の基準財政需要額に，都道府県については100分の80，市町村については100分の75を乗じて得た額に相当する額が算入されることとなった[4]。

さらに，翌1976年度には，先述の通り，2兆6,200億円の財源不足に対して，交付税特別会計の借入1兆3,141億円，財源対策のための地方債1兆2,500億円が措置された。表3-2は後者の内訳を示したものである。後者のうち8,000億円については従来基準財政需要額に算入されていた一般公共事業等に係る地方負担額を適債事業の拡大および地方債充当率の引き上げによって地方債に振り替えられたものであり，4,500億円については基準財政需要額における包括算入に係る投資的経費が地方財政法第5条の特例として発行を認められた地方債に振り替えられたものである[5]。

1977年度は，経済成長率の低下に伴う税収の不振と公共投資の増大などのため2兆700億円の財源不足となり，その2分の1相当額を建設地方債の特例増額により，残り2分の1を地方交付税の特例増額により補塡することとされた。なお，実質的な赤字地方債といえる財政対策債（前年度4,500億円）の発行は自治省の強い反対により回避された[6]。建設地方債の実際の運

---

3) 遠藤・志村（1976），pp. 133-135.
4) 遠藤・志村（1976），pp. 141-136.
5) 石原（1996a）によれば，4,500億円相当額については地方交付税の算定方法に準ずる方法で地方債発行枠が各団体別に配分され，地方交付税と同様，地方財政法第5条以外の経費にも充当が認められ，その元利償還金は基準財政需要額に100％算入された。また，4,500億円は資金運用部資金が足りないために交付税特別会計の借入に代わる措置として起債振替が行われたものであるため，その利子については全額国庫が負担する趣旨でその利子相当額の臨時地方特例交付金を交付税特別会計に繰り入れることとされた。さらに，4,500億円のうち2,000億円については，元金の償還額についても，これに相当する臨時地方特例交付金を交付税特別会計に繰り入れることとされた。
6) 石原（2000），p. 149.

表 3-2　1976年度における財源対策債の内訳

財政対策債（地方交付税包括算入分地方債振替分）

(単位：億円)

区分	都道府県分	市町村分
その他土木費分	1,300	200
その他の諸費（人口）分	1,000	1,300
その他の諸費（面積）分	400	300
合計	2,700	1,800

建設地方債（8,000億円の地方債振替分）

(単位：億円)

項目	計画額
一般公共事業	5,592
義務教育施設整備事業	491
一般単独事業	275
社会福祉施設整備事業	128
一般廃棄物処理事業	185
調整債	1,329
合計	8,000

出所：表3-1に同じ。

用としては，各事業の実績に応じて，適債事業の範囲の拡大または充当率の引き上げによって対処し，調整債は基準財政需要額の算定から除外された事業ごとの投資的経費の額と現実の地方負担額および地方債で措置される額との比較検討などの結果を参考として配分された[7]。

1978年度は，経済情勢の悪化から地方財源の不足は再び増加に転じ，国税収入の前倒し措置に伴う交付税の増額（国税三税1兆8,380億円×32％＝5,882億円）を見込んでもなお3兆500億円の巨額の財源不足を生じる見通しとなった。この対策として，地方交付税を1兆7,000億円（臨時地方特例交付金1,500億円，交付税特別会計借入1兆5,500億円），特例建設地方債を1兆3,500億円それぞれ増額することとされた[8]。

7） 太田 (1978), pp. 159-160.
8） 石原 (2000), p. 150.

1979年度は，税収の不振と前年度における国税の会計年度所属区分の変更の影響もあって[9]，地方財源不足額は，4兆1,000億円という空前の規模に達したが，この補填はおおむね1978年度までに確立された方式に従って，建設地方債の増額1兆6,400億円，地方交付税の増額2兆4,600億円（臨時地方特例交付金1,800億円，交付税特別会計借入2兆2,800億円）によって行われた[10]。

地方交付税と地方債の動向

こうした地方交付税の増額措置の結果，地方交付税総額は表3-3に示す通りとなった。なお，比較のために，1970年代前半の額についても示している。表から読み取ることができるように，地方交付税総額の対前年度変化率は1975年度に低下し，それ以後も1978年度を除いて1970年代前半と比較して変化率は低くなっているが，1976～1978年度については二ケタ台の伸びを見せており，交付税特別会計借入による交付税財源確保の効果の大きさが窺える。

さらに，表3-4は1977～1979年度の財源対策債の内訳をまとめたものである。この表から読み取ることができるように，財源対策債の7割程度が補助事業や直轄事業の地方負担に充てられる一般公共事業債として配分された。図3-1に示すように，1970年代後半以降に普通建設事業費補助負担金は地

---

9) 石原（1996b）によれば，国税の会計年度所属区分の変更とは，次のような内容である。1978年度の国の予算編成において，税収入の伸び悩みを補う便法として，国庫歳入の出納閉鎖期日を4月30日から5月31日に変更する歳入の年度所属区分の改正が行われた。すなわち，1978年度内に納税義務が成立し，1979年5月に収納される税収入について，従来であれば1979年度の歳入とされていたものを1978年度の歳入としようとするものであり，いわば翌年度の税収入を先食いすることとした。この措置によって，1978年度の国の歳入は2兆140億円の増加となり，その分だけ国債発行額を抑制することができた。この改正の際，大蔵省側から地方税収入についても，国税収入と同様の年度所属区分（発生主義）に改めることにより1978年度の地方税収入見込額を増額し，同年度の地方財政対策に資するよう協力を求めてきたが，自治省側は3,300もの地方団体に対し，突然地方税収入の歳入所属年度区分（現金主義）を改めるよう指導することはできないと，これを拒否した。

10) 石原（2000），p. 154.

表 3-3　地方交付税総額の推移

(単位:億円, %)

年度	交付税総額	内訳 普通交付税額	内訳 特別交付税額	対前年度比 総額	対前年度比 普通	対前年度比 特別
1970	17,983	16,932	1,051	23.1	22.9	26.0
1971	21,014	19,786	1,228	16.9	16.9	16.8
1972	25,530	24,065	1,465	21.5	21.6	19.3
1973	31,319	29,493	1,826	22.7	22.6	24.6
1974	41,987	39,559	2,428	34.1	34.1	33.0
1975	44,711	42,028	2,683	6.5	6.2	10.5
1976	51,874	48,761	3,113	16.0	16.0	16.0
1977	57,054	53,630	3,424	10.0	10.0	10.0
1978	70,400	66,175	4,225	23.4	23.4	23.4
1979	77,090	72,473	4,617	9.5	9.5	9.3

出所:表3-1に同じ。

表 3-4　1977～1979年度における財源対策債の内訳

(単位:億円)

項目	1977年度	1978年度	1979年度
一般公共事業	7,013	9,420	11,623
公営住宅建設事業	354	375	428
義務教育施設整備事業	1,087	1,345	1,557
一般単独事業	573	1,355	1,709
厚生福祉施設整備事業	100	115	155
一般廃棄物処理事業	270	337	310
調整債	953	553	618
合計	10,350	13,500	16,400

注:数値は地方債計画上の額である。
出所:表3-1に同じ。

方財政計画額,決算額ともに増加しており,財源対策債は景気対策のために増額された補助事業の裏負担に充当されたのである。

　こうした地方財政対策のほかに,当初は1975年度限りとされた地方税減収補填債が地方財政法第5条の特例としてではなく,建設地方債としての範囲内で1976年度以降も発行された。この地方債のうち法人関係分の元利償

第 3 章　1970 年代における地方交付税制度の財政調整機能

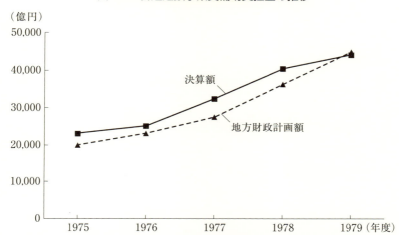

図 3-1　普通建設事業費補助負担金の推移

出所：『地方財政要覧（各年版）』および『予算と地方財政（各年版）』より作成。

表 3-5　1975 ～ 1979 年度における地方税減収補塡債許可額の推移

(単位：億円)

	1975 年度	1976 年度	1977 年度	1978 年度	1979 年度
都道府県分	6,162	913	1,379	931	116
市町村分	2,352	75	90	19	4
合計	8,514	988	1,469	950	120

出所：表 3-1 に同じ。

還金については 1975 年度のものと同様の交付税措置が講じられた。表 3-5 は 1975 ～ 1979 年度における地方税減収補塡債許可額の推移を示したものである。この表から読み取ることができるように，特例地方債として起債が許可された 1975 年度の額が最も多いが，1978 年度まで 1,000 ～ 1,500 億円程度の額が許可されている。

53

2　普通交付税による財政調整機能の評価

タイル尺度の要因分解

　では，こうした地方交付税の増額や財源対策債などを活用した諸措置が普通交付税の財政調整機能にどのような影響を与えたのであろうか[11]。本章においては一般財源のタイル尺度の要因分解によって分析する。貝塚他（1987）や髙林（2005）においては，一般財源を地方税や地方交付税などに分解して地方交付税の財政調整効果を計測している。そこで用いられているように，タイル尺度はデータの変動をその構成要素へ分解することが可能である。この性質を利用して，貝塚他（1987）に示された算式に依拠しつつ，普通交付税の財政調整機能がどの程度働いていたのかについて検討を行う。

　ある変数のベクトル $y=(y_1, y_2, ..., y_n)$ についてタイル尺度は次のように定義される。n はサンプルサイズを表す。

$$T = \log n - \sum s_i \log \frac{1}{s_i} = \sum s_i \log n s_i$$

$$s_i = \frac{y_i}{\sum y_i}$$

　この算式に基づいて 1975〜1984 年度における都道府県の一般財源のタイル尺度を算出し，その推移を示したものが図 3-2 である。1970 年代後半の特徴を明らかにするため，80 年代前半についてもタイル尺度を示している。データは『都道府県決算状況調（各年度版）』のものを用いている。なお，タイル尺度の算出にあたっては，1 人当たり額ではなく，総額を用いている。これは次の理由による。日下部（2003a・b）は人口，県民所得，行政投資実

---

[11]　地方交付税法第 1 条においては，「この法律は，地方団体が自主的にその財産を管理し，事務を処理し，及び行政を執行する権能をそこなわずに，その財源の均衡化を図り，及び地方交付税の交付の基準の設定を通じて地方行政の計画的な運営を保障することによって，地方自治の本旨の実現に資するとともに，地方団体の独立性を強化することを目的とする」とされており，「財源の均衡化」という目的を果すための機能を「財政調整機能」として議論を進める。

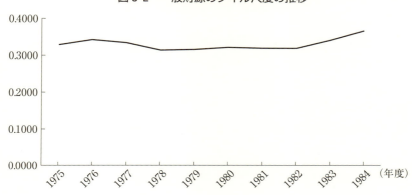

図 3-2 一般財源のタイル尺度の推移

績を用い，1人当たりの値は多くの場合，線形性が保たれていないことを指摘している。つまり，県民所得や行政投資実績を人口や GDP に対してプロットすると，下に凸や，上に凸の傾向，よくいわれる「規模の効果」を示す。この直線性からの歪み，下に凸か，上に凸かの強さは1人当たりの値の変動係数の増大をもたらすことになる。このような「規模の効果」を簡潔に表現する指標は，両対数変換を行って線形回帰した直線の傾きであり，回帰直線の傾きが1より大きいと下に凸であり，1より小さいと上に凸である。県民所得の「規模の効果」は常に1より大きく，逆に行政投資の「規模の効果」は 1960 年代を除けば1より小さい[12]。したがって，人口が多い地域は1人当たり県民所得が大きくなり，1人当たり行政投資の値は人口が少ない地域では大きくなる。また，地方交付税論議や市町村合併論議において議論の大きな柱となる公共事業費，基準財政需要額などもすべて人口に対して上に凸の傾向を示すため，こうした指標は人口が少ない地域が必然的に大きくなってしまい，単なる統計操作として「都市対地方の構図」が作られてしまうと指摘している[13]。また，金井（2006）は，地方交付税制度は「住民1人当たり一般財源額」を地域間平等の物差しにしていないと指摘している[14]。

---

12) 日下部（2003a），pp. 75-78.
13) 日下部（2003b），pp. 73-74.

こうした指摘を踏まえ，多くの研究では1人当たり額が用いられているが，本章ではあえて総額のみを用いて分析を行うこととする。

さて，図3-2から読み取ることができるように，1970年代後半においては，一般財源総額にはそれほど大きな格差の拡大は見られない。

一般財源のさらなる分解

次に，都道府県の一般財源を次のような構成要素へと分解する。

$$R_i = T_i + L_i + Z_i \tag{1}$$

ここで，R_i は一般財源，T_i は地方税，L_i は普通交付税，Z_i はその他財源である。

タイル尺度の性質を利用するならば，一般財源の不平等度を，地方税・普通交付税・その他財源の各準タイル尺度とそのウエイトを乗じたものの和に，次のように分解することができる。

これらの変数のシェアは次のように表すことができる。

$$SR_i = \frac{R_i}{\sum R_i}$$

$$ST_i = \frac{T_i}{\sum R_i}$$

$$SL_i = \frac{L_i}{\sum R_i}$$

$$SZ_i = \frac{Z_i}{\sum R_i}$$

このとき，各変数の平均値をそれぞれ μ_R, μ_T, μ_L, μ_Z とすると，

$$\mu_R = \mu_T + \mu_L + \mu_Z \tag{2}$$

一般財源に関するタイル尺度は次のように表される。

---

14) 金井（2006），p. 150.

$$T(R) = \frac{1}{n}\sum_i \left(\frac{SR_i}{\mu_R}\right) log\left(\frac{SR_i}{\mu_R}\right) \qquad (3)$$

ここで，(3)式に(1)，(2)式を代入すると，次のように展開できる。

$$T(R) = \frac{1}{n}\sum_i \left(\frac{SR_i+SL_i+SZ_i}{\mu_R}\right) log\left(\frac{SR_i}{\mu_R}\right)$$

$$= \left(\frac{\mu_T}{\mu_R}\right)\left(\frac{1}{n}\right)\sum_i \left(\frac{ST_i}{\mu_T}\right) log\left(\frac{SR_i}{\mu_R}\right)$$

$$+ \left(\frac{\mu_L}{\mu_R}\right)\left(\frac{1}{n}\right)\sum_i \left(\frac{SL_i}{\mu_L}\right) log\left(\frac{SR_i}{\mu_R}\right)$$

$$+ \left(\frac{\mu_Z}{\mu_R}\right)\left(\frac{1}{n}\right)\sum_i \left(\frac{SZ_i}{\mu_Z}\right) log\left(\frac{SR_i}{\mu_R}\right) \qquad (4)$$

各項はそれぞれ地方税，普通交付税，その他財源について，準タイル尺度とそのウエイトを乗じたものとなっており，これら各項の和が一般財源のタイル尺度となっている。

表3-6は一般財源についてのタイル尺度の寄与度分解を行った結果をまとめたものである[15]。この表から読み取ることができるように，普通交付税は準タイル尺度やそのウエイトに若干の変動が見られるものの，財政調整機能を発揮し，一般財源における格差の是正に寄与していた。藤田（1984）は交付税総額の抑制によって交付税の財政調整機能が弱まったと指摘しているが，タイル尺度の動きからはそうした傾向は見られない。

普通交付税の財政調整機能への影響

さらにここで，1970年代後半に採られた地方財政対策が普通交付税の財政調整機能にどのような影響を与えたのかをより詳しく検討するため，普通交付税の算定式に基づいて，普通交付税を次のような構成要素へと分解する。

$$L_i = (SFD1_i + SFD2_i + SFD3_i + SFD4_i + SFD5_i) - (SFR1_i + SFR2_i) \qquad (5)$$

---

[15] 基準財政需要額から基準財政収入額を差し引いた財源不足額と実際の普通交付税額とは必ずしも一致しないが，後述する費目別の基準財政需要額と税目別の基準財政収入額とを用いたタイル尺度の寄与度分解のため，ここでは財源不足額を普通交付税額としている。財源不足額と実際の普通交付税額の差額はその他財源に含まれることになる。

表3-6 一般財源のタイル尺度の分解（1）

年度	地方税 ウエイト	地方税 準タイル尺度	地方税 寄与度	普通交付税 ウエイト	普通交付税 準タイル尺度	普通交付税 寄与度
1975	0.6275	0.6608	0.4147	0.3372	−0.2380	−0.0802
1976	0.6312	0.6741	0.4255	0.3395	−0.2307	−0.0783
1977	0.6358	0.6569	0.4177	0.3362	−0.2312	−0.0777
1978	0.6082	0.6403	0.3894	0.3636	−0.1946	−0.0707
1979	0.6248	0.6252	0.3906	0.3491	−0.2013	−0.0703
1980	0.6439	0.6266	0.4035	0.3321	−0.2336	−0.0776
1981	0.6438	0.6245	0.4020	0.3343	−0.2333	−0.0780
1982	0.6408	0.6325	0.4053	0.3430	−0.2355	−0.0808
1983	0.6570	0.6453	0.4239	0.3226	−0.2429	−0.0784
1984	0.6851	0.6621	0.4536	0.2967	−0.2792	−0.0829
1985	0.6748	0.6714	0.4530	0.3084	−0.2734	−0.0843

年度	その他 ウエイト	その他 準タイル尺度	その他 寄与度
1975	0.0353	−0.1625	−0.0057
1976	0.0293	−0.1769	−0.0052
1977	0.0279	−0.1589	−0.0044
1978	0.0281	−0.1253	−0.0035
1979	0.0261	−0.1264	−0.0033
1980	0.0240	−0.1226	−0.0029
1981	0.0219	−0.1230	−0.0027
1982	0.0162	−0.1490	−0.0024
1983	0.0204	−0.1576	−0.0032
1984	0.0182	−0.1523	−0.0028
1985	0.0168	−0.1692	−0.0028

ただし，$(SFD1_i+SFD2_i+SFD3_i+SFD4_i+SFD5_i)-(SFR1_i+SFR2_i)<0$ のときは，$L_i=0$ である。ここで，$SFD1_i$ は経常経費に係る基準財政需要額，$SFD2_i$ は投資的経費に係る基準財政需要額，$SFD3_i$ は地方税減収補塡債償還費に係る基準財政需要額，$SFD4_i$ は財源対策債償還費に係る基準財政需要額，$SFD5_i$ はその他の基準財政需要額，$SFR1_i$ は法人二税に係る基準財政収入額，$SFR2_i$ はその他の基準財政収入額である。

(1)式に(5)式を代入すると，都道府県の一般財源は次のように表すことが

できる。

$$R_i = T_i + \{(SFD1_i + SFD2_i + SFD3_i + SFD4_i + SFD5_i) - (SFR1_i + SFR2_i)\} + Z_i \quad (6)$$

この関係をもとに,一般財源についてのタイル尺度の寄与度分解を行った結果を表3-7に示した[16]。なお,構成要素それぞれの寄与度の合計は一般財源のタイル尺度と等しくなる。費目別の基準財政需要額と税目別の基準財政収入額のデータは『地方交付税関係計数資料(Ⅰ)(普通交付税総括及び道府県分)(各年度版)』のものを用いている。この表から,普通交付税の財政調整機能に関して次のことを読み取ることができる。

第1に,経常経費に係る基準財政需要額は,タイル尺度の上昇に寄与しているが,1980年代を含めて寄与度は低下傾向にある。これは準タイル尺度ではなく,ウエイトの低下によるものである。背景として,基準財政需要額に占める投資的経費のウエイトの高まりによる経常経費のウエイトの低下があると考えられる。第2に,投資的経費に係る基準財政需要額は,一般公共事業等に係る地方負担額が地方債に振り替えられるようになった1976年度以降,タイル尺度の低下に寄与している。寄与度は小さいものの,1976年度を境に寄与度の符号が正から負になったことは大きな変化である。こうした変化は,先述の起債振替措置が影響しているものと考えられる。第3に,地方税減収補塡債償還費に係る基準財政需要額は,タイル尺度の上昇に寄与しているが,寄与度は小さい。ただし,準タイル尺度は大きく,寄与度の小ささはウエイトの低さによるものである。古川(1995)は地方税減収補塡債による「逆再配分」の可能性を指摘しているが,タイル尺度から普通交付税配分に大きな影響を与えるほどではなかったといえる。第4に,1977年度以降に算入されるようになった財源対策債償還費に係る基準財政需要額は1982年度以降,タイル尺度の低下に寄与しているが,寄与度は小さい。古

---

16) 東京都などの不交付団体については,$(SFD1_i + SFD2_i + SFD3_i + SFD4_i + SFD5_i) - (SFR1_i + SFR2_i)$ が負の値となるため,その絶対値を「収入額が需要額を上回る額」としてタイル尺度を計算している。

表3-7 一般財源のタイル尺度の分解（2）

年度	地方税 ウエイト	準タイル尺度	寄与度	経常経費に係る需要額 ウエイト	準タイル尺度	寄与度
1975	0.6275	0.6608	0.4147	0.6625	0.2109	0.1397
1976	0.6312	0.6741	0.4255	0.6525	0.1961	0.1279
1977	0.6358	0.6569	0.4177	0.6356	0.1971	0.1253
1978	0.6082	0.6403	0.3894	0.6139	0.1960	0.1203
1979	0.6248	0.6252	0.3906	0.5756	0.1953	0.1124
1980	0.6439	0.6266	0.4035	0.5660	0.1969	0.1115
1981	0.6438	0.6245	0.4020	0.5640	0.2003	0.1130
1982	0.6408	0.6325	0.4053	0.5596	0.2006	0.1122
1983	0.6570	0.6453	0.4239	0.5659	0.1976	0.1118
1984	0.6851	0.6621	0.4536	0.5518	0.1922	0.1060

年度	投資的経費に係る需要額 ウエイト	準タイル尺度	寄与度	地方税減収補填債に係る需要額 ウエイト	準タイル尺度	寄与度
1975	0.1802	0.0277	0.0050			
1976	0.1032	−0.0607	−0.0063	0.0049	0.6017	0.0029
1977	0.1215	−0.0451	−0.0055	0.0050	0.7260	0.0037
1978	0.1324	−0.0365	−0.0048	0.0102	0.7021	0.0072
1979	0.1422	−0.0306	−0.0043	0.0097	0.8004	0.0078
1980	0.1649	−0.0244	−0.0040	0.0095	0.8595	0.0082
1981	0.1807	−0.0238	−0.0043	0.0084	0.8620	0.0072
1982	0.2002	−0.0275	−0.0055	0.0082	0.8736	0.0071
1983	0.1451	−0.0333	−0.0048	0.0093	0.8067	0.0075
1984	0.1312	−0.0524	−0.0069	0.0094	0.7701	0.0073

年度	財源対策債に係る需要額 ウエイト	準タイル尺度	寄与度	その他の需要額 ウエイト	準タイル尺度	寄与度
1975				0.0133	0.0141	0.0002
1976				0.0075	−0.1297	−0.0010
1977	0.0074	0.0064	0.0000	0.0076	−0.1266	−0.0010
1978	0.0100	0.0153	0.0002	0.0078	−0.1207	−0.0009
1979	0.0206	0.0105	0.0002	0.0078	−0.1266	−0.0010
1980	0.0276	0.0092	0.0003	0.0078	−0.1461	−0.0011
1981	0.0283	0.0101	0.0003	0.0082	−0.1284	−0.0011
1982	0.0318	−0.0199	−0.0006	0.0084	−0.1277	−0.0011
1983	0.0364	−0.0579	−0.0021	0.0092	−0.1432	−0.0013
1984	0.0373	−0.0810	−0.0030	0.0102	−0.1609	−0.0016

第3章　1970年代における地方交付税制度の財政調整機能

表3-7　（続き）

年度	法人二税に係る収入額 ウエイト	準タイル尺度	寄与度	その他の収入額 ウエイト	準タイル尺度	寄与度
1975	0.2797	0.5965	0.1668	0.2635	0.3726	0.0982
1976	0.1941	0.7220	0.1401	0.2489	0.3668	0.0913
1977	0.2044	0.6537	0.1336	0.2484	0.3664	0.0910
1978	0.1759	0.6848	0.1205	0.2425	0.3616	0.0877
1979	0.1719	0.6599	0.1134	0.2420	0.3557	0.0861
1980	0.2102	0.6005	0.1262	0.2438	0.3561	0.0868
1981	0.2216	0.5931	0.1314	0.2487	0.3603	0.0896
1982	0.2219	0.5763	0.1279	0.2585	0.3585	0.0927
1983	0.1873	0.6093	0.1141	0.2664	0.3640	0.0970
1984	0.1923	0.6051	0.1164	0.2657	0.3672	0.0976

年度	収入額が需要額を上回る額 ウエイト	準タイル尺度	寄与度	その他 ウエイト	準タイル尺度	寄与度
1975	0.0244	1.6354	0.0399	0.0353	−0.1625	−0.0057
1976	0.0143	2.0581	0.0294	0.0293	−0.1769	−0.0052
1977	0.0118	2.0602	0.0243	0.0279	−0.1589	−0.0044
1978	0.0078	2.0009	0.0155	0.0281	−0.1253	−0.0035
1979	0.0071	1.9942	0.0142	0.0261	−0.1264	−0.0033
1980	0.0103	2.0160	0.0207	0.0240	−0.1226	−0.0029
1981	0.0149	1.8634	0.0278	0.0219	−0.1230	−0.0027
1982	0.0152	1.8186	0.0276	0.0162	−0.1490	−0.0024
1983	0.0105	2.0680	0.0216	0.0204	−0.1576	−0.0032
1984	0.0148	1.9797	0.0293	0.0182	−0.1523	−0.0028

川（1995）は財源対策債の発行が普通交付税の団体間配分を攪乱する危険があることを指摘していた。タイル尺度の低下への寄与が「団体間配分の攪乱」を意味するのかは明らかでないが，財源対策債の発行は元利償還金の交付税措置を通じて団体間の格差縮小に寄与しており，投資的経費が画一的に圧縮され，個々の団体の建設事業費に基づいて元利償還金が措置された結果，財政調整機能を発揮したといえる。事業誘導によって団体間の再分配が行われていたのである。第5に，法人二税に係る基準財政収入額によるタイル尺度の低下への寄与は大きいが，1970年代後半については寄与度が低下傾向にある。ただし，準タイル尺度については1976年度と1978年度に上昇して

いる。これまで普通交付税に関する議論においては基準財政需要額について検討されることが多かったが，普通交付税算定において基準財政需要額から基準財政収入額を差し引くことによるタイル尺度の低下への寄与も大きかったといえる。

3 基準財政収入額の算定方法変更の動向

基準財政収入額への着目

　ここまで，1970年代後半における地方財政対策について，より詳しく見たうえで，地方交付税の増額や地方債を活用した諸措置が普通交付税の財政調整機能に与えた影響を一般財源のタイル尺度の要因分解によって明らかにしてきた。タイル尺度の構成要素への分解から，先の通りいくつかの点を指摘したが，ここで普通交付税算定において基準財政需要額から基準財政収入額を差し引くことによるタイル尺度の低下への寄与，特に法人二税に係る基準財政収入額の準タイル尺度の高さに着目し，1970年代後半におけるその算定方法の変更について見てみたい。

　基準財政収入額は各地方自治体の財政力を合理的に測定するために，地方自治体について一定の方法により算定した額であり，具体的には基準税率をもって算定した法定普通税収入（これに準ずるものを含む），地方譲与税および交通安全対策特別交付金の見込額をいう[17]。算定にあたっては地方自治体の課税実績を用いることなく客観的な指標統計数値によって算定するほうが望ましいとされるが，完全に実績を無視して客観的資料のみに頼ることとすれば，現実とかけ離れた基準財政収入額の算定が行われることとなり，地方自治体ごとに見れば多額の算定過大や算定過少を生じかねない。そこで，税の種類によっては，その地方自治体の徴収実績はともかく，課税実績がその団体の課税努力にほとんど左右されないと認められるものは，課税実績に基づいて算定するほうが誤差の範囲をできる限り少なくするためにも合理的で

---

17)　石原（2000），p. 456.

あるとされる。こうした考え方に基づき，道府県民税および市町村民税のうち法人税割や法人事業税などについては課税実績が算定の基礎に用いられている[18]。

法人関係税に係る基準税額の算定方法の変更

1975年度までの法人関係税に係る基準税額は，前年度の実績に係る課税標準額を現事業年分と過事業年分に区分し，現事業年分については当該年度の地方財政計画の収入見込額を基礎として算定した伸び率を全国一律に各地方自治体の前年度の実績に係る基準税率に乗じることにより，各地方自治体における現年分の基準税額を推計する方法が採られていた[19]。この方法は1975年度まで十数年来用いられてきたが，1976年度以降，各地方自治体の「経済構造比率」（全就業者数に占める第2次および第3次就業者数の割合）に応じてグループ分けが行われ，伸び率に差が設けられた[20]。表3-8はそれを示したものである。

表3-8　1976年度における法人関係税に係る基準税額算定に用いられた伸び率

	伸び率
経済構造比率98％以上の団体	1.24
経済構造比率90％以上98％未満の団体	1.18
経済構造比率85％以上90％未満の団体	1.12
経済構造比率80％以上85％未満の団体	1.07
経済構造比率75％以上80％未満の団体	1.05
経済構造比率75％未満の団体	1.03

出所：仙波（1976）より作成。

---

18)　交付税課（1980），pp. 103-104.
19)　法人二税の基準税額は，当該年度分の推計基準税額＋前年度分の精算額－外国税額（道府県民税法人税割のみ）＋錯誤額によって算定される。これらのうち道府県民税法人税割に係る基準税額に対する精算額の比率は都道府県平均で－6～＋5％（1976～80年度），法人事業税に係る基準税額に対する精算額の比率は－5～＋5％（同）であり，法人二税の基準税額は当該年度分の推計基準税額に大きく影響される。そこで，ここでは精算の影響については考慮しないこととする。
20)　仙波（1976），pp. 74-75.

この伸び率を用いて，道府県民税法人税割の当該年度分の推計基準税額は，

現事業年度分課税標準額（確定申告分）× 0.0416 ×伸び率＋中間申告に係る課税標準額× 1.2 × 0.0416 ×伸び率＋過事業年度分課税標準額（A）× 0.0448 ＋過事業年度分課税標準額（B）× 0.0416

という算定式に基づいて算定された[21]。

「伸び率」の地域差と実際の変化率

こうした伸び率に差を設ける方法は 1977 年度以降も採られ，経済構造比率に基づいた伸び率が乗じられて，法人関係税の基準税額は算定された。表 3-9 は 1976 〜 1979 年度における都道府県別の道府県民税法人税割および法人事業税に係る伸び率をまとめたものである。1978 年度については，経済構造比率 98％以上の団体の伸び率が 1.21，90％以上 98％未満の団体が 1.14，その他の団体が 1.08 とされ，1979 年度については，経済構造比率 98％以上の団体が 1.15，91％以上 98％未満の団体が 1.10，その他の団体が 1.00 とされた[22]。この表から読み取ることができるように，東京都，大阪府，神奈川県，愛知県といった大都市部の都府県の伸び率は高く設定された。

この伸び率と実際の法人二税の調定額の対前年度変化率とを比較すると，大都市部の都府県の伸び率が高く設定されていたことがより一層明らかになる。表 3-10 は道府県民税法人税割調定額の対前年度変化率と基準税額算定上の伸び率，表 3-11 は法人事業税調定額の対前年度変化率と基準税額算定上の伸び率とを比較したものである。二つの表から読み取ることができるように，特に 1977 年度および 78 年度に大都市部の都府県において伸び率は実際の変化率よりも高く推計され，それ以外については低く推計されていた。

そのため，法人二税に係る基準税額は大都市部の都府県で相対的に高く，それ以外で相対的に低く算定され，その結果が表 3-7 に示した 1976 〜 1979

---

21) 仙波（1976），p. 78.
22) 地方交付税制度研究会編（1977），p. 459，渡辺（1978），p. 188 および渡辺（1979），pp. 115-116.

表 3-9　道府県民税法人税割および法人事業税に係る伸び率

都道府県名	1976(年度)	1977	1978	1979	都道府県名	1976(年度)	1977	1978	1979
北海道	1.07	1.20	1.08	1.00	滋賀県	1.07	1.20	1.08	1.00
青森県	1.03	1.20	1.08	1.00	京都府	1.18	1.20	1.08	1.00
岩手県	1.03	1.20	1.08	1.00	大阪府	1.24	1.25	1.21	1.15
宮城県	1.05	1.20	1.08	1.00	兵庫県	1.18	1.20	1.08	1.00
秋田県	1.03	1.20	1.08	1.00	奈良県	1.12	1.20	1.08	1.00
山形県	1.03	1.20	1.08	1.00	和歌山県	1.07	1.20	1.08	1.00
福島県	1.03	1.20	1.08	1.00	鳥取県	1.05	1.20	1.08	1.00
茨城県	1.03	1.20	1.08	1.00	島根県	1.03	1.20	1.08	1.00
栃木県	1.05	1.20	1.08	1.00	岡山県	1.07	1.20	1.08	1.00
群馬県	1.05	1.20	1.08	1.00	広島県	1.18	1.20	1.08	1.00
埼玉県	1.18	1.20	1.08	1.00	山口県	1.07	1.20	1.08	1.00
千葉県	1.07	1.20	1.08	1.00	徳島県	1.05	1.20	1.08	1.00
東京都	1.24	1.25	1.21	1.15	香川県	1.07	1.20	1.08	1.00
神奈川県	1.18	1.25	1.14	1.10	愛媛県	1.05	1.20	1.08	1.00
新潟県	1.05	1.20	1.08	1.00	高知県	1.03	1.20	1.08	1.00
富山県	1.12	1.20	1.08	1.00	福岡県	1.12	1.20	1.08	1.00
石川県	1.12	1.20	1.08	1.00	佐賀県	1.03	1.20	1.08	1.00
福井県	1.07	1.20	1.08	1.00	長崎県	1.05	1.20	1.08	1.00
山梨県	1.05	1.20	1.08	1.00	熊本県	1.03	1.20	1.08	1.00
長野県	1.05	1.20	1.08	1.00	大分県	1.03	1.20	1.08	1.00
岐阜県	1.12	1.20	1.08	1.00	宮崎県	1.03	1.20	1.08	1.00
静岡県	1.12	1.20	1.08	1.00	鹿児島県	1.03	1.20	1.08	1.00
愛知県	1.18	1.25	1.14	1.10	沖縄県	1.12	1.20	1.08	1.00
三重県	1.07	1.20	1.08	1.00					

出所：『地方交付税制度解説（補正係数・基準財政収入額篇）（各年度版）』より作成。

年度における法人二税に係る基準財政収入額の準タイル尺度の上昇につながったものと考えられる。

　仙波（1976）は伸び率に差を設けることについて次のように説明している。多少長くなるが，引用する[23]。

---

23)　仙波（1976），pp. 74-75.

表 3-10　道府県民税法人税割調定額の対前年度変化率と「伸び率」との比較

	1976年度 調定額変化率	1976年度 「伸び率」との差	1977年度 調定額変化率	1977年度 「伸び率」との差	1978年度 調定額変化率	1978年度 「伸び率」との差	1979年度 調定額変化率	1979年度 「伸び率」との差
北海道	17	10	33	13	4	−4	22	22
青森県	26	23	28	8	12	4	17	17
岩手県	4	1	42	22	9	1	42	42
宮城県	23	18	24	4	10	2	22	22
秋田県	40	37	22	2	6	−2	24	24
山形県	20	17	28	8	14	6	19	19
福島県	8	5	19	−1	12	4	22	22
茨城県	40	37	16	−4	15	7	33	33
栃木県	30	25	28	8	7	−1	23	23
群馬県	35	30	24	4	14	6	22	22
埼玉県	42	24	11	−9	18	10	24	24
千葉県	25	18	26	6	12	4	24	24
東京都	31	7	11	−14	4	−17	14	−1
神奈川県	47	29	18	−7	6	−8	18	8
新潟県	16	11	16	−4	11	3	20	20
富山県	29	17	17	−3	17	9	29	29
石川県	19	7	10	−10	13	5	23	23
福井県	20	13	34	14	12	4	23	23
山梨県	25	20	15	−5	8	0	26	26
長野県	20	15	40	20	10	2	13	13
岐阜県	20	8	9	−11	11	3	22	22
静岡県	38	26	18	−2	7	−1	22	22
愛知県	38	20	14	−11	1	−13	21	11
三重県	19	12	16	−4	10	2	17	17

　「この方法（引用者注：伸び率を全国一律とする方法）は，経済成長が続いており景気変動が小幅な時期においては基準税額算定上特に不合理はなかったので十数年来用いられてきたものである。しかし，今回のように石油危機に端を発して戦後最大の不況となり，また，高度経済成長から低成長経済へ転換を余儀なくされた経済の激変期において，家電，自動車等輸出関係部門を中心として先行き景気回復が見込まれるという過渡期におい

表 3-10 （続き）

	1976年度 調定額変化率	1976年度 「伸び率」との差	1977年度 調定額変化率	1977年度 「伸び率」との差	1978年度 調定額変化率	1978年度 「伸び率」との差	1979年度 調定額変化率	1979年度 「伸び率」との差
滋賀県	42	35	10	−10	6	−2	30	30
京都府	22	4	16	−4	8	0	26	26
大阪府	15	−9	22	−3	5	−16	19	4
兵庫県	16	−2	14	−6	1	−7	25	25
奈良県	21	9	31	11	5	−3	12	12
和歌山県	13	6	14	−6	−3	−11	21	21
鳥取県	15	10	31	11	22	14	17	17
島根県	2	−1	41	21	17	9	20	20
岡山県	16	9	26	6	4	−4	24	24
広島県	13	−5	12	−8	4	−4	29	29
山口県	5	−2	26	6	8	0	24	24
徳島県	38	33	22	2	10	2	25	25
香川県	24	17	22	2	7	−1	10	10
愛媛県	30	25	7	−13	1	−7	21	21
高知県	20	17	21	1	2	−6	18	18
福岡県	19	7	17	−3	7	−1	28	28
佐賀県	17	14	28	8	24	16	19	19
長崎県	6	1	21	1	4	−4	11	11
熊本県	15	12	42	22	15	7	18	18
大分県	17	14	28	8	22	14	8	8
宮崎県	32	29	26	6	12	4	31	31
鹿児島県	41	38	28	8	9	1	25	25
沖縄県	3	−9	5	−15	8	0	28	28

注：調定額の変化率は『地方財政統計年報（各年版）』より算出。

ては，地域の産業構造又は地域における企業の業種等により景気回復に地域的バラツキがみられる。このため，従来のように地方財政計画に合わせた全国一律の伸び率によって推計することは，各地方団体の法人関係税の収入の実態に即しないのみならず，普通交付税の算定も実情に合わなくなる。このため，過去の景気循環，景気回復期における各都道府県の法人関係税の伸縮状況を分析し，景気の動向と法人関係税の推移を相関関係とし

表 3-11　法人事業税調定額の対前年度変化率と「伸び率」との比較

	1976年度 調定額変化率	1976年度 「伸び率」との差	1977年度 調定額変化率	1977年度 「伸び率」との差	1978年度 調定額変化率	1978年度 「伸び率」との差	1979年度 調定額変化率	1979年度 「伸び率」との差
北海道	12	5	19	−1	2	−6	23	23
青森県	19	16	16	−4	6	−2	18	18
岩手県	7	4	21	1	5	−3	42	42
宮城県	15	10	14	−6	10	2	20	20
秋田県	25	22	13	−7	4	−4	23	23
山形県	20	17	8	−12	14	6	20	20
福島県	14	11	15	−5	5	−3	35	35
茨城県	18	15	17	−3	13	5	29	29
栃木県	21	16	18	−2	9	1	21	21
群馬県	24	19	12	−8	11	3	23	23
埼玉県	21	3	12	−8	16	8	25	25
千葉県	7	0	30	10	8	0	22	22
東京都	10	−14	13	−12	5	−16	14	−1
神奈川県	27	9	19	−6	16	2	16	6
新潟県	5	0	11	−9	11	3	18	18
富山県	9	−3	14	−6	8	0	31	31
石川県	1	−11	9	−11	10	2	24	24
福井県	21	14	27	7	−1	−9	35	35
山梨県	21	16	9	−11	4	−4	27	27
長野県	14	9	23	3	7	−1	13	13
岐阜県	4	−8	9	−11	9	1	20	20
静岡県	16	4	19	−1	5	−3	32	32
愛知県	19	1	25	0	2	−12	20	10
三重県	−3	−10	18	−2	7	−1	19	19

て捉え，分析した結果に基づき都道府県については，各都道府県の経済構造比率に応じグループ分けを行い伸び率に差を設けることとした。」

このように述べてはいるものの，差を設けた伸び率の設定は「各地方団体の法人関係税の収入の実態に即しない」ものであった。しかし，このことによって基準財政収入額の算定を通じた一般財源の格差是正が行われたのであ

第3章　1970年代における地方交付税制度の財政調整機能

表 3-11　（続き）

	1976年度 調定額変化率	1976年度「伸び率」との差	1977年度 調定額変化率	1977年度「伸び率」との差	1978年度 調定額変化率	1978年度「伸び率」との差	1979年度 調定額変化率	1979年度「伸び率」との差
滋賀県	20	13	11	-9	5	-3	33	33
京都府	12	-6	8	-12	6	-2	26	26
大阪府	18	-6	7	-18	7	-14	18	3
兵庫県	19	1	13	-7	-1	-9	25	25
奈良県	9	-3	22	2	5	-3	21	21
和歌山県	2	-5	8	-12	-4	-12	19	19
鳥取県	20	15	18	-2	4	-4	20	20
島根県	5	2	23	3	0	-8	25	25
岡山県	7	0	17	-3	1	-7	23	23
広島県	2	-16	12	-8	2	-6	29	29
山口県	-9	-16	27	7	7	-1	27	27
徳島県	25	20	17	-3	0	-8	24	24
香川県	13	6	10	-10	3	-5	10	10
愛媛県	13	8	10	-10	2	-6	21	21
高知県	12	9	11	-9	-3	-11	21	21
福岡県	0	-12	17	-3	6	-2	30	30
佐賀県	19	16	14	-6	0	-8	18	18
長崎県	8	3	24	4	-2	-10	13	13
熊本県	14	11	23	3	13	5	19	19
大分県	9	6	18	-2	18	10	7	7
宮崎県	16	13	26	6	1	-7	29	29
鹿児島県	32	29	17	-3	6	-2	27	27
沖縄県	8	-4	7	-13	2	-6	25	25

注：表3-10に同じ．

る．ただし，これが意図的なものであったのか，予測の失敗であったのかは今日残されている資料からはわからない．しかしながら，法人二税の1975年度の対前年度変化率が統計資料をもとに第三者によって検証することができる1978年度になっても，大都市部の都府県に相対的に高い伸び率が設定されていたことを考えると，自治省は大都市部の都府県の法人二税に係る基準財政収入額をあえて高く算定し，一般財源の格差是正を行っていた可能性がある．

4　普通交付税の増額措置と普通建設事業費

普通交付税の増額措置と財政調整機能の維持の背景

　ここまで見てきたように，1970年代後半において，地方交付税の増額措置が採られる中で，基準財政需要額の一部を地方債に振り替える措置や法人二税の基準財政収入額の算定方法の変更が行われたが，先行研究の指摘とは異なり，地方交付税の財政調整効果に大きな変化は見られなかった。経常経費に係る基準財政需要額のウエイトが低下する一方で，投資的経費に係る基準財政需要額のウエイトが上昇し，その準タイル尺度が負の値となることが普通交付税の財政調整効果の一つの要因となっていた。基準財政需要額の構成が変化することによって，普通交付税の財政調整機能は維持された。

　地方交付税の増額措置が行われる中で財政調整機能が維持されることによって，財政力の弱い地方自治体も含め，都道府県は普通建設事業費，中でも補助事業費を増加させることが可能になったといえる。図3-3は普通建設事業費のうち補助事業費の推移を示したものである。この図から読み取ることができるように，補助事業費は1970年代後半に大きく増加している。1980年度のそれは1975年度のそれのおよそ2倍となっている。

　第1章において述べた通り，地方自治体は国庫支出金と地方債を充当した残額に充当する一般財源の範囲内で予算を編成し，事業を実施することが可能である。一般財源は，それがなければ事業を実施することができないという意味で地方自治体の予算編成を拘束するとともに，その範囲内での裁量的行動を地方自治体に可能にするものである。表3-3において確認したように，1970年代後半には地方交付税総額は増加しており，国庫支出金や地方債を充当した残額に充当される財源は増加することになった。

　したがって，このような形で補助事業実施のために普通交付税が交付されたことによって，地方自治体は補助事業の実施が可能になり，実際に補助事業費は増加した。国庫支出金と地方債によって「地方自治体は2か3の現ナマ（一般財源）で100の事業ができるようになり，公共事業を増やせという

第 3 章　1970 年代における地方交付税制度の財政調整機能

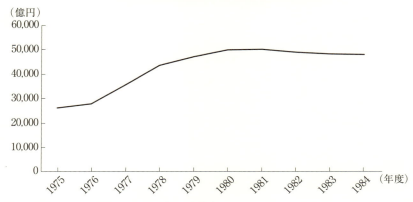

図 3-3　普通建設事業費のうち補助事業費の推移

出所：『都道府県決算状況調（各年度版）』より作成。

圧力に抵抗できな」くなり[24]，「2か3の現ナマ（一般財源）」として普通交付税が交付されたわけである。

　財源の付与による地方自治体の行動の可能性の拡大は，地方財政計画額と実際の歳出である決算額から読み取ることもできる。図 3-4 は 1975〜1984 年度における普通建設事業費のそれらの推移を示したものである。なお，地方財政計画額は都道府県と市町村とを合わせた額になっているため，決算額も都道府県だけではなく，市町村を含めた地方純計を用いて比較している。この図から確認することができるように，決算額が計画額を上回っている。したがって，地方自治体は各種の財源を用いて中央政府の策定した計画額以上に事業を行っており，裁量的行動が可能であったといえるであろう。

　こうした地方交付税の増額措置と財政調整機能の維持の背景には，オイルショックによる景気悪化への対策のため，中央政府は地方自治体を投資的事業の実施に誘導する必要があったことが挙げられる。そして，そのためには財政力の弱い地方自治体も含めて地方交付税を交付し，補助事業を中心とした投資的事業の財源を付与しなければならなかった。

---

24)　『朝日新聞（朝刊）』1980 年 9 月 10 日。山本敬三郎静岡県知事が 1970 年代後半の予算編成を振り返り，このように述べている。

図 3-4　普通建設事業費の地方財政計画額と決算額の推移

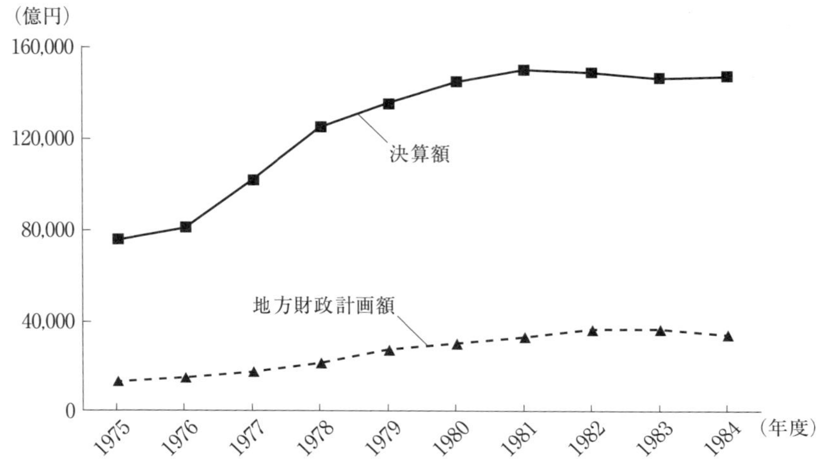

(縦軸: 億円、横軸: 1975〜1984 年度。実線が決算額、破線が地方財政計画額)

出所：表 3-1 に同じ。

超過負担問題と普通建設事業の誘導

　この頃の地方自治体は，オイルショックによる税収減で中央政府からの事業実施の要請に応じるだけの財政的な余裕はなく，1975 年には全国知事会が主導する形で都道府県が直轄事業負担金の納入を足並み揃えて保留するという事態まで生じていた[25]。また，中央政府が景気対策の早期実施のために「上半期の公共事業契約率を 70％程度とする」という目標を掲げても，地方自治体の補助事業の契約率は 8 月末の時点で当初予算額の 60.1％となっていた[26]。

　さらに，補助事業の超過負担が地方自治体の重荷となっており，このことも地方自治体の財政的な余裕を奪うことにつながっていた。これに関して，全国知事会や同市長会，町村会など地方六団体で組織する地方自治確立対策協議会は，超過負担の実態について 1975 年 12 月に初めて全国調査した結果をまとめた。それによれば，1974 年度の超過負担は約 6,360 億円にのぼり，

---

[25]　『朝日新聞（朝刊）』1975 年 9 月 7 日。
[26]　『朝日新聞（朝刊）』1975 年 9 月 13 日。

補助基本額全体の半分以上（57.7%）に当たる額が地方自治体からの持ち出しになっていることが明らかにされた[27]。そして，その後の地方財政危機突破大会において地方自治確立対策協議会は超過負担の完全解消策などを1976年度予算案に盛り込むように主張した[28]。

　これらのことからもわかるように，地方自治体の財政難によって中央政府のコントロールが地方自治体に対して効かない状況にあったのである。こうした事態を受けて，当時の福田一自治大臣は「今年の景気浮揚対策がうまくいかなかったのは，地方自治体の財政事情が苦しかったためである。来年度（引用者注：1976年度）の政府予算の重点を景気浮揚対策に置くなら，地方財政に十分な配慮をしてほしい」と福田赳夫副総理と大平正芳大蔵大臣に要請している[29]。その後，地方自治体に対してどのような財源措置が講じられたのかについては先述の通りであるが，1977年度には中央政府の公共事業促進型予算に連動する地方の公共事業の負担に「手厚い財源措置」が講じられ，都道府県においても積極型の予算に転じたところが多かった[30]。1977年度の全都道府県予算案を普通会計ベースで集計したところ，1976年度当初予算と比較して14.8%の増となり，地方財政計画の伸び率14.1%を上回り，景気浮揚型の国家予算に歩調を合わせるものとなった[31]。

　さらに，中央政府は1977年末に公共事業推進本部の設置を決め，地方自治体などとの連携をとり，円滑な工事の進行に全力をあげる方針であることを強調した[32]。同本部では1977年度第2次補正予算，1978年度予算に盛り込んだ公共事業が両予算成立後，速やかに執行できるよう関係省庁，地方自治体が緊密な連絡，調整体制を確立するとの方針を決定するとともに，具体策として①予算成立前でも，国会の予算権限に触れない範囲で公共事業の契約準備を進める，②地方建設局ごとに関係省庁の出先機関（農政局，陸運局，

27）『朝日新聞（朝刊）』1975年12月14日。
28）『読売新聞（朝刊）』1975年12月17日。
29）『読売新聞（朝刊）』1975年12月17日。
30）『読売新聞（朝刊）』1977年2月13日。
31）『朝日新聞（朝刊）』1977年3月7日。
32）『朝日新聞（朝刊）』1977年12月30日。

通産局など），都道府県など地方自治体で構成する地方協議会を設け，地域の実情に合わせた対策を実施する，③公共事業の推進で，資材，労務，物価，地価などの面で不足や価格上昇が起こらないよう監視体制を強めるなどの措置をとることを決め[33]，積極的に公共事業の推進を図った。

自治省も「余分なカネは残しておく必要はない。公共事業のため洗いざらい財源を汲んでほしい」（関根財政課長）と，1978年1月中旬の都道府県総務部長会議でハッパをかけた。当時の自治省は地方自治体に「健全財政」を指導する立場にあり，こうしたことは異例であった[34]。

このように，中央政府は景気対策の実施に強い意思を示し，そのために地方自治体を投資的事業実施の方向に誘導しようとした。その結果，様々な財源措置が講じられ，普通交付税の財政調整機能も維持され，事業実施のための財源が地方自治体に付与された。こうして地方自治体は，補助事業を中心とした景気対策へと誘導されたわけである。財源の付与は地方自治体の行動の可能性を拡げたと同時に，歳入面から地方自治体をコントロールする制度による拘束をもたらした。

おわりに

本章においては，1970年代後半に行われた地方交付税の増額や地方債を活用した諸措置が普通交付税の財政調整機能に与えた影響を一般財源のタイル尺度の要因分解によって明らかにし，地方交付税制度に生じた変化について検討した。

一般財源の構成要素への分解から，普通交付税は財政調整機能を発揮し，一般財源の格差是正に寄与していたことが明らかになった。特に投資的経費に係る基準財政需要額は，一般公共事業等に係る地方負担額が地方債に振り替えられるようになった1976年度以降，タイル尺度の低下に寄与している。寄与度は小さいものの，1976年度を境に寄与度の符号が正から負になった

---

33) 『読売新聞（朝刊）』1978年1月20日。
34) 『読売新聞（朝刊）』1978年3月14日。

ことは大きな変化である。また，法人二税に係る基準財政収入額によるタイル尺度の低下への寄与は大きかった。これまで普通交付税に関する議論においては基準財政需要額について検討されることが多かったが，普通交付税算定において基準財政需要額から基準財政収入額を差し引くことによるタイル尺度の低下への寄与も大きかったといえる。

そこで，法人二税に係る基準財政収入額の準タイル尺度の高さに着目し，1970年代後半におけるその算定方法の変更について，より詳しく検討した結果，次の点が明らかになった。法人関係税に係る基準税額に用いられる伸び率は，1976年度以降，各地方自治体の経済構造比率に応じてグループ分けが行われ，地方自治体間で差が設けられた。東京都，大阪府，神奈川県，愛知県といった大都市部の都府県の伸び率は，実際の法人二税の対前年度変化率よりも高く設定された。そのため，法人二税に係る基準税額は大都市部の都府県で相対的に高く，それ以外で相対的に低く算定され，その結果が1976～1979年度における法人二税に係る基準財政収入額の準タイル尺度の上昇につながったものと考えられる。これが意図的なものであったのか，予測の失敗であったのかは今日残されている資料からはわからないが，自治省は大都市部の都府県の法人二税に係る基準財政収入額をあえて高く算定し，一般財源の格差是正を行っていた可能性がある。

財政調整機能が維持された中での地方交付税の増額措置は，財政力の弱い地方自治体も含めて国庫支出金と地方債を充当した残額に充当される財源を増加させることになるため，地方交付税の交付によって，財政力の弱い地方自治体も含めた地方自治体の裁量的な行動が可能になる。

このように中央政府が地方交付税の増額措置を行い，財政調整機能を維持した背景には，オイルショックによる景気悪化への対策のために，地方自治体を景気対策に誘導する必要があったことが挙げられる。誘導のためには，財政力の弱い地方自治体も含めて地方交付税を交付し，補助事業を中心とした投資的事業の財源を付与しなければならなかったのである。財源の付与は地方自治体の行動の可能性を拡げたと同時に，歳入面から地方自治体をコントロールする制度による拘束をもたらした。

第4章

交付税措置による事業誘導仮説の検証
―― 道府県における臨時地方道整備事業債を事例に ――

はじめに

　国の補助を受けることなく独自の経費で地方自治体が実施する単独事業は1980年代の終わりから2010年代の初めまで補助事業を上回っていた。特に1990年代における単独事業の増加要因として単独事業に対する「地方交付税と地方債の一体的活用」による財政支援措置，すなわち地方債の元利償還金の交付税措置の影響が指摘されている。元利償還金の交付税措置が講じられる地方債の代表例として，地域総合整備事業債（以下，地総債と略す）と臨道債が挙げられる。地総債には交付税措置のない一般分と，交付税措置のある「特別分」，「ふるさとづくり事業分」，「地域づくり事業分」が存在し，臨道債にも同種の一般分と「地方特定道路整備事業分」「ふるさと農道・林道緊急整備事業分」（以下，特定分等と略す）などが存在した。図4-1はこれらのうち臨道債について，1988〜2007年度における都道府県の許可額（2006年度以降は発行予定額）の推移を示したものである。この図から読み取ることができるように，1990年代後半以降に一般分が減少し，特定分等が増加している。

　こうした元利償還金の交付税措置が講じられる地方債について分析を行った先行研究として，次のいくつかの論文を挙げることができる。制度論的ア

77

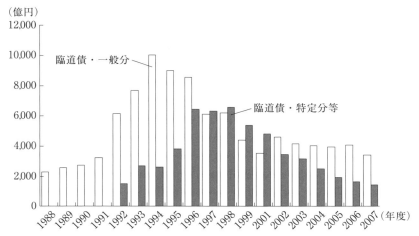

図4-1 臨道債許可額・発行予定額の推移

出所:『地方債統計年報（各年度版）』より作成。

プローチを採る入谷（1995a・b），梅原（1996），町田（1997），池上（1998），金澤（2002），池上（2004）などが，バブル経済崩壊後の不況下の景気対策のために地方自治体が行う単独事業が重視され，交付税措置が景気対策のための事業誘導あるいは地方財政動員の手段として用いられたと論じている。また，岡﨑（1999）（2000a・b）や肥後・中川（2001）は交付税措置の効果は財政力の弱い地方自治体にとって大きかったと結論づけている。さらに，公共経済学的アプローチを採る中野（2000），土居・別所（2005a・b），別所（2008），林・石田（2008）は計量的手法を用いて分析を行っている。中野（2000）および林・石田（2008）では被説明変数に単独事業費を，土居・別所（2005a）では社会資本ストックを，土居・別所（2005b）は地方債残高の前年度変化率を，別所（2008）では公共投資額・地方債発行額を用いて交付税措置が与える影響について検討している。これらの先行研究はそれぞれ，交付税措置が単独事業費，社会資本ストック，地方債発行，公共投資額を増加させたとの結論を得ている。

本章においては道府県における道路事業を中心に，交付税措置が講じられる臨道債の発行と元利償還金の基準財政需要額への算入率（以下，交付税措

置率と略す）との関係について定量的な分析を行い，交付税措置率の高低によって地方自治体の臨道債起債額が異なったのかを明らかにする。そして，必ずしも交付税措置率の高い地方自治体が交付税措置の講じられる地方債を起債したわけではなく，補助事業と連動した形で地方自治体は交付税措置の講じられる地方債を起債したことを示す。道路事業に着目するのは社会資本投資の中で最も規模が大きいことにもよるが，臨道債が元利償還金の交付税措置が講じられる地方債の代表例であり，これに着目して直接的に交付税措置と起債額との関係を検証することによって，より詳細に交付税措置の影響を明らかにするためである。

すでに臨道債は廃止されているが，交付税措置が講じられる地方債の実態を改めて明らかにすることは，日本における政府間財政関係のあり方について論じるうえで重要な手がかりとなるであろう。

本章は次のように構成されている。1において臨道債制度の概要について説明する。2においては分析する際に用いる実証モデルと使用データについて説明し，推定結果と解釈を示す。

1　臨道債の概要

補助事業と単独事業の組み合わせ事業

分析を進める前に，本章が分析対象とする臨道債の概要について述べておきたい。先述の通り，臨道債には交付税措置のない一般分と，財政力に応じた交付税措置のある特定分等が存在した[1]。

特定分等のうち地方特定道路整備事業分は，1992年度に旧建設省と旧自治省との協同事業として創設された地方特定道路整備事業の単独事業分に充当された。この事業は道路整備（都道府県道，市町村道）について補助事業と単独事業とを組み合わせて実施するものであった[2]。図4-2は地方特定道

1）　平嶋・植田（2001），pp. 417-421．なお，復興特別事業分も存在したが，これについては財政力指数に関わりなく，元利償還金の80％が交付税措置された。
2）　嶋津編（1998），p. 675．

図4-2 地方特定道路整備事業の単独事業の手続き

〔計画の策定〕

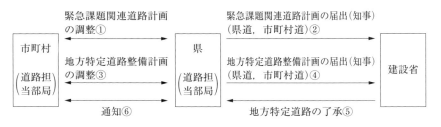

注1：緊急課題関連道路計画の内容 ｛補助事業で実施するもの
補助事業と単独事業を効果的に組み合わせるもの
（地方特定道路）
単独事業で実施するもの｝

 2：市町村の計画は県を経由して建設省に届出又は提出すること。

〔各年度における地方特定道路整備事業の手続き〕
（市町村道の場合）

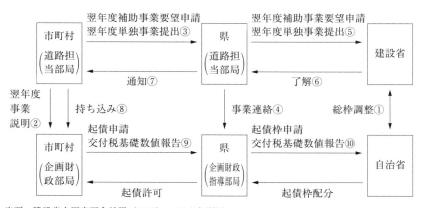

出所：建設省大臣官房会計課（1992），p. 68 より引用。

路整備事業の単独事業の手続きを図示したものである。この事業に係る事業費の総額は旧建設省と旧自治省によって調整され，地方自治体はこの事業の実施箇所および実施内容について，補助事業分の申請にあわせて単独事業分を旧建設省に提出し，旧建設省の了解を得ることとなっていた[3]。

同様に，ふるさと農道・林道緊急整備事業分についても，補助事業と単独事業とを組み合わせて事業を実施するふるさと農道緊急整備事業とふるさと林道緊急整備事業の単独事業分に充当された[4]。

事業費補正の具体的方法

図4-3は臨道債・地方特定道路整備事業分およびふるさと農道・林道緊急整備事業分の元利償還金に対する交付税措置率と財政力指数の関係を示したものである[5]。財政力指数1.0以上の場合においては30％となり，財政力指数の低下に伴って算入率は上昇し，財政力指数0.35の場合においては55％となって，それ以下の財政力指数の場合においても55％となる。なお，

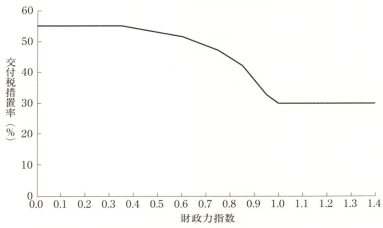

図4-3　交付税措置率と財政力指数の関係

出所：地方交付税制度研究会編（1993）より作成。

---

3) 建設省大臣官房会計課（1992），p. 68.
4) 平嶋・植田（2001），p. 419. なお，この事業は1993年度に創設された。

図 4-4 地方特定道路整備事業の財政措置

（補助事業）

国庫支出金	一般財源

（単独事業）

臨道債 75 (2001年度まで 後年度 30 ～ 55%, 2002年度以降30%)	一般財源	
	15※	10

※ 1995 年度までは当該年度事業費補正，1996 年度以降は財源対策分に振り替える。
出所：地方債制度研究会編（1997）をもとに作成。

2002 年度以降については事業費補正の見直しが行われ，財政力指数に関係なく算入率は 30％とされた。さらに，1995 年度までは当該年度の事業費の 15％についても交付税措置が講じられ，1996 年度以降，この措置は財源対策債分の起債措置に振り替えられた。これらの財政措置をまとめて図示したものが図 4-4 である。

特定分等の各年度の理論償還費は，『地方交付税制度解説』によれば，おおむね以下に示す式の形で基準財政需要額に算入される。当該年度事業費補正が行われた 1995 年度の翌年度である 1996 年度までについては，

$$pwm_n = 1 + \frac{\sum_{n=1992}^{1995}(A_n \times B_n) \times \frac{l}{0.3} + C_n}{uc \times um}$$

である。ここで，pwm は事業費補正係数，uc は単位費用，um は測定単位，A は発行を許可された臨道債のうち地方特定道路整備事業に係る許可額，B は A の理論償還率，C は地方特定道路整備事業の当該年度の事業費×15％，

---

5) 交付税措置率は次の算式に基づいて算出した（出所：地方交付税制度研究会編（1993））。

財政力指数区分	算式
0.60 未満	$\alpha = 0.599 - 0.1400X$
0.60 以上 0.75 未満	$\alpha = 0.695 - 0.3000X$
0.75 以上 0.85 未満	$\alpha = 0.845 - 0.5000X$
0.85 以上 0.95 未満	$\alpha = 1.228 - 0.9500X$
0.95 以上	$\alpha = 0.800 - 0.5000X$

※ X は財政力指数である。α が 0.300 を下回る場合は 0.300 とされ，α が 0.550 を上回る場合は 0.550 とされた。

l は各団体の財政力指数に基づく算入率である。

なお，1996年度については，C_n は1995年度繰越事業分に限られる。

また，当該年度事業費補正分が財源対策債分に振り替えられるようになった1996年度の翌年度である1997年度から2002年度までについては，

$$pwm_n = 1 + \frac{\sum_{n=1992}^{2001}(A_n \times B_n) \times \frac{l}{0.3} + \sum_{n=1996}^{2001}(D_n \times E_n)}{uc \times um}$$

である。ここで，D は発行を許可された臨道債のうち財源対策債に係る許可額，E は D の理論償還率である[6]。

さらに，事業費補正の見直しが行われ，財政力指数に関係なく算入率が30％とされた2002年度の翌年度である2003年度以降については，

$$pwm_n = 1 + \frac{\sum_{n=1992}^{2001}(A_n \times B_n) \times \frac{l}{0.3} + \sum_{n=1996}^{2008}(D_n \times E_n) + \sum_{n=2002}^{2008}(A_n \times B_n)}{uc \times um}$$

である。

このような形で交付税措置された臨道債を交付税措置率の高い，財政力の弱い地方自治体ほど発行して，単独事業を実施したのであろうか。以下，本章においては臨道債の発行と交付税措置率との関係について定量的な分析を行い，交付税措置率の高低によって地方自治体の臨道債起債額が異なったのかを明らかにする。

2　臨道債発行の要因分析

実証モデル，使用データ，符号条件

交付税措置が臨道債発行に与えた影響をパネルデータ分析によって検証する。本章においては道府県レベルの臨道債許可額を被説明変数とし，交付税措置率などを説明変数とする次のようなモデルを仮定する。

---

[6] 地方債協議制度のもとでは，同意額となる。

表 4-1　データ出所

変数	出所
臨道債地方特定道路整備事業分許可額	『地方債統計年報（各年版）』
交付税措置率	『都道府県決算状況調（各年度版）』に掲載された各道府県の財政力指数をもとに算出
道路橋りょう費の財源のうち国庫支出金	総務省提供資料
投資余力	『都道府県決算状況調（各年度版）』に掲載された各道府県の経常収支比率をもとに算出
起債制限比率	『都道府県決算状況調（各年度版）』
標準財政規模	『都道府県決算状況調（各年度版）』

$$y_{it} = \beta_0 + \beta_1 l_{it-1} + \beta_2 g_{it} + \beta_3 i_{it} + \beta_4 d_{it-1} + \beta_5 d_{it-1}^2 + \phi_t + \rho_i + \varepsilon_{it}$$

ただし，y は臨道債地方特定道路整備事業分許可額，l は交付税措置率，g は道路橋りょう費の財源のうち国庫支出金，i は投資余力（＝100－経常収支比率），d は起債制限比率，ϕ_t は時点特有の効果，ρ_i は観測不可能な個体特有の効果，ε_{it} は誤差項である。なお，臨道債許可額，国庫支出金については標準財政規模で除して基準化している。β_1 が臨道債許可額と交付税措置率の関係を表す注目すべき係数となる。データの出所については表4-1に示す通りである。

　推定を行う期間は1993～2007年度（2000年度を除く）である。臨道債の起債額が少なかった東京都と沖縄県は除いている。これらのデータをパネルデータとみなし，推定を行う。1993年度から推定を行うのは，臨道債地方特定道路整備事業分が1992年度に創設されたためである。2007年度までを分析対象とするのは，2008年度に臨道債の起債対象が拡大され，一般国道事業も起債の対象となったためである。このことによって，2008年度以降の臨道債起債額の変化に起債対象事業の拡大に起因するものが含まれてしまう。このため分析を行う期間は2007年度までとする。2009年度には地方道路特定財源[7]が廃止され，さらに2010年度には臨道債そのものが廃止されたため，2007年度までを分析対象期間としても特定分等が発行された期間のほとんどを分析対象とすることになる。なお，データが公表されていない2000年度の臨道債とその説明変数のデータは除いている。

次に，説明変数の説明と各係数の符号に関する予想について述べていく。

交付税措置率には道府県の財政力指数から算出される 30 〜 55％の基準財政需要額への算入率を用いている。これは道府県が臨道債の起債にあたってこの算入率を交付税措置率として認識していたものと考えられるからである。なお，先述のように，2002 年度以降については事業費補正の見直しが行われたため，財政力指数に関係なく算入率は 30％としている。ただし，不交付団体の交付税措置率については 0 ％としている。

係数については，先行研究の結論を踏まえれば正の値となるが，アメリカにおける免税地方債が州の資本支出に補助しているかどうかを検証したCoronado（1999）は，租税免除が資本支出を増加させるかどうかについては実証的なものであり，結論はモデルの特定化に依存すると述べている。したがって，負の値になることもあるかもしれない。

国庫支出金を説明変数として用いるのは，先述の通り，臨道債を起債して行う地方特定道路整備事業が補助事業と単独事業との組み合わせ事業であることによる。国庫支出金が増加すれば，臨道債発行も増加するものと考えられるため，係数は正の値を予想している。

投資余力を説明変数として用いるのは，起債充当残に充当する原資が臨道債発行に影響を与えたと考えるからである。静岡県編（2003）では，「100 − 経常収支比率＝投資余力」として投資的経費に充当することのできる一般財源がどの程度あるのかを示しており，本章でもこの指標を活用する。係数は正の値を予想している。なお，一般財源は，中央政府と多数の地方自治体の

7） 道路特定財源制度は，その税収を道路整備の財源として充当する制度であり，揮発油税，地方道路税，石油ガス税，軽油引取税，自動車重量税からなっていた。国の道路特定財源は，揮発油税全額，石油ガス税収入額の 2 分の 1，自動車重量税収入額の国分（3 分の 2）の 77.5％であった。また，地方道路特定財源は地方道路譲与税（揮発油税と併課される地方道路税収入額の全額が譲与される），石油ガス譲与税（石油ガス税収入額の 2 分の 1 が譲与される），自動車重量譲与税（自動車重量税収入額の 3 分の 1 が譲与される）の地方譲与税と，軽油引取税，自動車取得税の地方税であった。このうち，地方道路譲与税は収入額のうち 100 分の 58 が，石油ガス譲与税は収入額全額が，都道府県および指定市に譲与された。また，軽油引取税は全額，自動車取得税は収入額のうち 10 分の 3 が都道府県および指定市の財源となった。

意思に基づいて租税統制が行われている地方税，中央政府によって配分額が決定される地方交付税，さらに道路事業については地方譲与税として配分される地方道路特定財源からなる。地方道路特定財源は，国庫支出金や地方債と異なり，制度上は一般財源に分類される。

投資余力は普通建設事業費の決定プロセスとの関わりで，次のように示すことができる。図4-5は普通建設事業費の決定プロセスを図式化したものである。地方自治体はまず地方税を中心として自主一般財源を得る（①）。次に①の額に国から地方交付税，地方譲与税などが配分され，一般財源収入額が決定する（②）。この一般財源収入のうち，普通建設事業に費やされるのは一部分だけ（③）であり，残りは義務的経費である人件費や公債費などに用いられる。そして，③の額に国庫・都道府県支出金，地方債や特定基金からの繰入金などの特定財源が加えられて最終的な普通建設事業費（④）が決定する[8]。投資余力は一般財源に占める③の割合を表している。これが臨道債発行に正の影響を与えたと考えられる。

起債制限比率は財政運営の硬直性を示すものである。中野（2000）では市

図4-5　普通建設事業費の決定プロセス

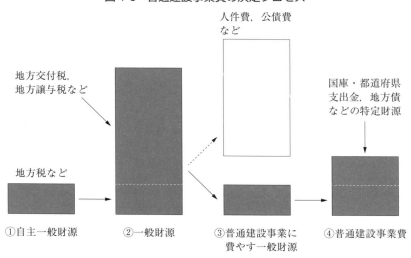

出所：梶田（2001）より引用。

町村データを用いて起債制限比率の1次項の係数は正，2次項の係数は負という推定結果を得ており，起債制限比率が15％を超えない範囲では地方自治体は比較的自由に単独事業をコントロールしていると解釈している[9]。本章においても非線形性を考慮している中野（2000）を参考に，「起債制限比率が一定水準に達すると地方自治体は臨道債の起債を減少させる」という仮説を検証することができる形でモデルに組み込むこととする[10]。起債制限比率の1次項の係数は正の値，2次項の係数は負の値を予想している。

推定結果と考察

推定に用いた変数の記述統計量は表 4-2，推定結果は表 4-3 に示す通りである。Hausman 検定により，固定効果モデルが採択される。ただし，土居・別所（2005a・b）や別所（2008）の指摘を踏まえれば，交付税措置率や国庫支出金が強外生性の仮定を満たさないため，固定効果モデルにおける推定値が一致性をもっていない可能性がある。特に国庫支出金については，図 4-2 から読み取ることができるように，翌年度の補助事業要望申請と翌年度の単独事業提出とが同時に行われることから，内生性をもつと考えられる。

表 4-2　記述統計量

変数	平均値	標準偏差	最小値	最大値
臨道債／標準財政規模	1.70	1.28	0.02	7.15
交付税措置率	42.48	11.84	0.00	55.00
国庫支出金／標準財政規模	3.29	1.52	0.24	7.28
投資余力	13.15	8.12	-17.00	37.00
起債制限比率	11.36	2.50	4.80	19.20

---

8) 梶田（2001），p. 39. なお，梶田（2001）が指摘するように，実際の事務手続きは必ずしもこの模式図に沿った形で行われるわけではない。たとえば，一般的に国庫・都道府県支出金の獲得が決まると，その事業は予算査定において優先的な扱いを受けることが知られており，補助裏の工面は補助事業の認定後に行われることが少なくない。

9) 中野（2000），pp. 156-157.

10) 中野（2000）はこの理由として，「単独事業の実施によって起債制限比率が2，3％上昇するにしても，当初の起債制限比率の値が1桁台の値なのか，あるいは2桁台の値かでは，政策決定者の受け取り方は違ったものとなるからである」としている。

表 4-3　推定結果（1）

被説明変数：臨道債／標準財政規模	Random	Fixed
交付税措置率	−0.028　(0.014)**	−0.026　(0.014)*
国庫支出金／標準財政規模	0.175　(0.062)***	0.123　(0.072)*
投資余力	0.062　(0.014)***	0.059　(0.015)***
起債制限比率	0.332　(0.145)**	0.310　(0.141)**
起債制限比率の2乗	−0.013　(0.007)**	−0.013　(0.007)**
観測数	630	630
Overall	0.542	0.512
Breusch-Pagan 検定	877.27***	
Hausman 検定	3.94***	

注1：カッコ内は robust standard error を示す。
　2：***は1％、**は5％、*は10％で統計的に有意にゼロと異なることを示す。
　3：時点特有の効果、個体特有の効果の係数の推定値は省略している。

表 4-4　推定結果（2）

被説明変数：臨道債／標準財政規模	
交付税措置率	−0.011　(0.012)
国庫支出金／標準財政規模	0.165　(0.094)*
投資余力	0.057　(0.014)***
起債制限比率	0.644　(0.113)***
起債制限比率の2乗	−0.027　(0.005)***
観測数	450
Overall	0.617
Hansen J 統計量	4.103

注：表4-3に同じ。

　そこで、内生性が疑われる交付税措置率と国庫支出金の2期までのラグを操作変数として推定を行った。推定結果は表4-4の通りである。

　表4-4の推定結果から次のことを読み取ることができる。まず Hansen の J 統計量から、操作変数は妥当であるといえる。

　交付税措置率の項は負の値となったが、有意ではなかった。

　道路橋りょう費の財源のうち国庫支出金の項の係数は、10％水準で有意な正の値となった。これは国庫支出金が増加するほど臨道債許可額が増加すると解釈することができる。この結果は、地方特定道路整備事業は補助事業と

単独事業との組み合わせ事業であることによるものと考えられる。

　投資余力の項の係数は，1％水準で有意な正の値となった。推定に際して臨道債許可額を標準財政規模で基準化しており，投資余力は 100 − 経常収支比率（＝経常経費充当一般財源／経常一般財源）であるため，予算規模ではなく，一般財源の重要性について議論することになるが，この結果は財政構造が弾力的で起債充当残に充当する財源が増加するほど，臨道債許可額も増加すると解釈することができる。第1章でも触れた通り，丸山（1988）は，国庫支出金と地方債を充当した残額に充当する一般財源の重要性を指摘し，一般財源は個々の事務事業予算単位の核となるものであり，一般財源の総量は総予算の中核をなし，その総量の大小が予算規模決定の最大の要因となると述べている。たとえば，総事業費1億円の事業があり，国庫補助負担率が2分の1，地方債充当率が 60％であるとしよう。総事業費1億円の財源構成は，国庫補助負担金 5,000 万円，地方債 3,000 万円（＝ 5,000 万円× 60％），一般財源 2,000 万円となる。つまり，この場合 2,000 万円の一般財源がなければ，この1億円の事業費は予算化できない[11]。このように，一般財源は予算編成上，必要不可欠なのである。

　したがって，一般財源が存在することによって地方自治体の予算編成が可能になり，裁量的な行動が可能になる一方で，一般財源は地方自治体によって容易に変化させることのできない財源であるため，この意味で地方自治体の自律性や裁量性は限られたものであるといえる。

　なお，この財源には地方道路特定財源も含まれており，地方道路特定財源も含めて起債充当残に充当することができる財源が増加すれば，臨道債許可額は増加するといえる。筆者は拙稿（2004）において，普通建設事業費充当一般財源に対する地方道路特定財源の比率の高まりによって，1990 年代に単独事業が箱物事業中心から道路事業中心に変化したと論じた。先に示した図 4-5 の②の部分で地方道路特定財源が配分され，その比率が高まることによって普通建設事業費に占める道路事業の割合が増加するということである。

11）　丸山（1988），p. 236.

表 4-5 都府県における地方道路特定財源と道路関係地方債の償還額

(単位：円)

都府県名	地方道路特定財源（A）	道路関係地方債償還額（B）	A－B
青森県	20,700,253	37,568,627	－16,868,374
岩手県	25,050,472	57,581,931	－32,531,459
宮城県	35,178,000	30,013,187	5,164,813
秋田県	13,838,000	37,121,488	－23,283,488
山形県	14,613,000	34,468,308	－19,855,308
福島県	25,249,000	26,264,977	－1,015,977
茨城県	42,500,000	39,800,000	2,700,000
栃木県	31,700,000	46,000,000	－14,300,000
群馬県	22,880,618	24,519,408	－1,638,790
埼玉県	53,306,000	60,299,206	－6,993,206
千葉県	47,072,000	48,023,811	－951,811
東京都	64,550,578	212,289,428	－147,738,850
神奈川県	74,665,638	48,015,095	26,650,543
新潟県	30,051,596	40,573,867	－10,522,271
富山県	16,410,557	20,446,269	－4,035,712
石川県	15,644,650	20,764,139	－5,119,489
福井県	8,478,510	13,502,912	－5,024,402
山梨県	12,132,300	42,831,600	－30,699,300
長野県	13,766,346	37,440,000	－23,673,654
岐阜県	31,725,000	44,563,403	－12,838,403
静岡県	56,706,000	41,554,585	15,151,415
愛知県	101,738,000	165,581,027	－63,843,027

　本章の推定結果は，この議論と矛盾するものではないが，他方で地方道路特定財源が道路関係地方債の償還財源化したという指摘もある。表4-5は都府県における地方道路特定財源と道路関係地方債の償還額について示したものである。この表から読み取ることができるように，ほとんどの都府県で地方債償還額が地方道路特定財源の額を上回っていた。

　こうした傾向は，特に2000年代に入ってから強まったものと考えられる。図4-6は臨道債償還額と地方道路特定財源に対するその比率を示したもので

第 4 章 交付税措置による事業誘導仮説の検証

表4-5 （続き）

都府県名	地方道路特定財源（A）	道路関係地方債償還額（B）	A − B
三重県	35,240,000	31,549,170	3,690,830
京都府	13,634,886	35,456,975	−21,822,089
大阪府	71,839,000	68,260,262	3,578,738
兵庫県	56,892,000	73,282,000	−16,390,000
奈良県	11,818,000	49,173,000	−37,355,000
和歌山県	11,329,000	19,387,797	−8,058,797
鳥取県	8,375,296	17,232,260	−8,856,964
島根県	8,548,426	31,139,583	−22,591,157
広島県	38,460,000	30,536,272	7,923,728
山口県	21,517,915	22,918,643	−1,400,728
徳島県	10,886,756	34,359,001	−23,472,245
香川県	12,551,000	30,374,188	−17,823,188
愛媛県	15,961,747	48,547,222	−32,585,475
高知県	9,833,466	22,037,411	−12,203,945
福岡県	36,047,209	50,941,317	−14,894,108
佐賀県	12,609,000	17,074,267	−4,465,267
長崎県	11,686,000	48,291,712	−36,605,712
熊本県	23,717,775	26,907,144	−3,189,369
宮崎県	16,030,930	26,709,217	−10,678,287
鹿児島県	20,272,249	38,323,443	−18,051,194
沖縄県	9,904,000	6,717,405	3,186,595
合計	1,215,111,173	1,858,441,557	−643,330,384

出所：「第16回全国市民オンブズマン大会」資料より作成。

ある。道路関係地方債は臨道債に限られたものではないが，データの制約からこれを用いている。この図から臨道債償還額の増加に伴って，その比率は上昇していることを読み取ることができる。このような動きから，2000年代に入って地方道路特定財源は相当程度が臨道債を含む道路関係地方債の償還に充てられていたといえる。したがって，先述した1990年代に見られたような地方道路特定財源の事業誘導効果は低下したものと考えられるが，それは図4-5のうち③の上にある「人件費，公債費など」の部分が増加するこ

図 4-6 臨道債償還額および地方道路特定財源に対するその比率

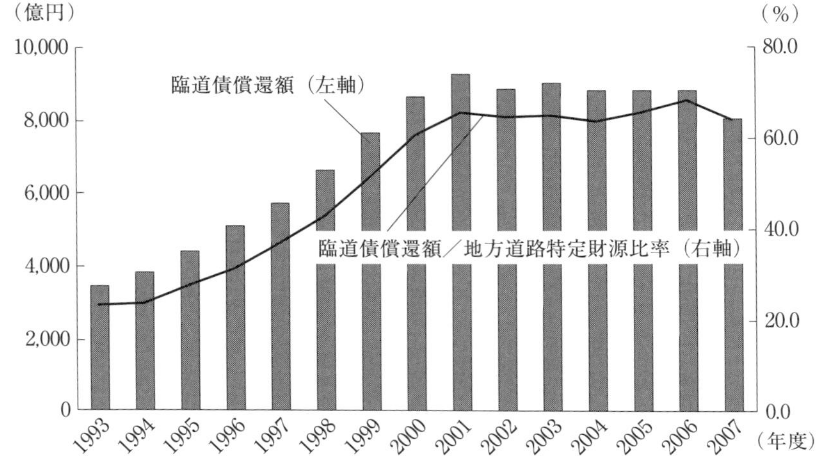

(グラフ: 臨道債償還額（左軸）と臨道債償還額／地方道路特定財源比率（右軸）、1993〜2007年度)

出所：総務省提供資料（臨道債償還額）および『都道府県決算状況調（各年度版）』（地方道路特定財源）より作成。

とによる投資余力の低下という形で現れることになる。

　次に起債制限比率の1次項は5％水準で有意な正の値，2次項は1％水準で有意な負の値となった。中野（2000）の結果と同様に，起債制限比率が一定水準に達すると臨道債許可額が減るというように解釈することが可能である。地方自治体がその財政状況に応じて臨道債の額を変化させているということは，地方自治体の歳出は中央政府によって完全に統制されていたわけでもないということを示している。地方自治体は一般財源によって裁量的に行動することが可能であるために，中央政府の意図通りには動かないこともある。そして，このことは図4-1において示した臨道債・特定分等総額の減少に現れている。

　さらに，図4-7は1988〜2000年度における投資的経費の単独事業費の地方財政計画額と決算額，それらの差額の推移を示したものである。この図から読み取ることができるように，1993年度以降，単独事業費の決算額は計画額を上回ることができなくなり，年々，決算額と計画額の差額は大きく

第4章　交付税措置による事業誘導仮説の検証

図 4-7　単独事業費の地方財政計画額と決算額の推移

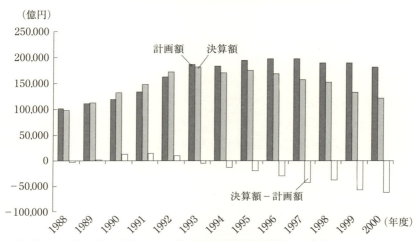

出所：『地方財政白書（各年版）』および『地方財政要覧（各年版）』より作成。

なっていた。こうした地方財政計画額と決算額の乖離は，地方自治体が裁量的に行動することが可能であることによってもたらされたものである[12]。

1990年代には，中央政府が地方自治体に対して，度重なる景気対策，特に単独事業実施の要請を行い，地方自治体はこれに「協力」をしてきた[13]。中央政府の意図は，地方自治体に単独事業を実施させるところにあったが，地方自治体は一般財源の範囲内で裁量的行動が可能であるため，その財政状況によって中央政府の意図が実現しない「意図せざる結果」が生じたのである[14]。

---

[12] 第3章においては，普通建設事業費の決算額が地方財政計画額を上回っていることをもってこれを示している。
[13] 松本（2007）は，「毎年のように，自治省が都道府県の総務部長や財政課長を集めて，もっと景気対策をやれと発破をかけていた」と述べている。
[14] 「意図せざる結果」という概念は，マンデヴィルやウェーバーの議論の中にも見出すことができるが，Boudon（1982）においては，これを研究の中心に据えて分析を行っている。

おわりに

　本章においては道路事業に着目し，道府県の臨道債許可額のデータを用いて，臨道債の発行と交付税措置率との関係について分析を行った。分析の結果，交付税措置率の項は有意ではなかった。

　これに対して，道路橋りょう費の財源のうち国庫支出金の項の係数は有意な正の値となった。地方特定道路整備事業は補助事業と単独事業との組み合わせ事業であることにより，国庫支出金が増加するほど臨道債許可額が増加するといえる。道路単独事業は「単独」事業という名前ではありながら，補助事業に付随した事業であったのである。

　さらに，投資余力の項の係数は有意な正の値となった。したがって，起債充当残に充当することができる財源が増加するほど臨道債許可額が増加するといえる。なお，この財源には地方道路特定財源も含まれており，地方道路特定財源も含めて起債充当残に充当することができる財源が増加すれば，臨道債許可額は増加するといえる。

　こうした本章の分析結果から，臨道債は地方特定道路整備事業が補助事業と単独事業との組み合わせ事業であったために，国庫支出金と連動していたといえる。また，国庫支出金や地方債の充当残に充当される地方税や地方交付税といった一般財源が増加するほど，交付税措置が講じられる臨道債の許可額が増加することが明らかになった。つまり，一般財源の状況が地方自治体の行動を拘束するとともに，その裁量的行動に影響を与えていたといえる。

　したがって，起債充当残に充当する一般財源が存在することによって起債が可能になり，裁量的な行動が可能になる一方で，一般財源は地方自治体によって容易に変化させることのできない財源であるため，起債はそうした財源の範囲内に限られる。この意味で地方自治体の自律性や裁量性は限られたものであるといえる。そして，中央政府の起債誘導の結果として元利償還が増加することによって一般財源が減少することは，地方自治体の裁量性の低下に直結するものであり，これが1990年代後半以降に生じた投資的経費の

単独事業費の地方財政計画額と決算額の乖離のような中央政府の政策意図とは異なる「意図せざる結果」をもたらした。つまり，中央政府の誘導の累積的過程が地方自治体の「逸脱」という裁量的行動を生み出したのである。

　こうした逸脱行動が一つの要因となり，臨道債をはじめとする交付税措置が講じられる種々の地方債について制度変更が行われることとなった。つまり，制度設計者である中央政府の意図とは異なる地方自治体の行動が制度を変化させる要因となったといえる。そして，それは第6章で論じる別の形の事業誘導を準備するものであった。

第 5 章

固定資産税・都市計画税と地方交付税
―― 基準財政収入額算定における裁量性の検証 ――

はじめに

　地方交付税のうち普通交付税は基準財政需要額から基準財政収入額を差し引いた額に応じて交付される。この基準財政収入額をめぐっては，その算定方法が地方自治体の税収拡大努力を阻害しているという議論が存在し，主として次の二つのことがいわれている。一つは，市町村が固定資産税評価額（以下，評価額と略す）を意図的に低くし，基準財政収入額を減少させて，地方交付税の受け取りを増加させている[1]というものであり，もう一つは，基準財政収入額を算定する際に用いられる基準税率[2]が高いために，地方自治体は企業誘致などを通じて地方税の増収を図ろうとせず，国庫支出金や地方交付税の獲得に努力を傾けているというものである。本章の目的は前者について検討することである[3]。

---

1) 基準財政収入額＝一定の算式で算出された課税標準額×基準税率×捕捉徴収率であり，ほとんどが収入実績をそのまま用いているわけではなく，課税客体の数量，納税者数などを用いている。したがって，地方自治体にとって基準財政収入額は操作不可能なはずである。しかし，一部の論者は土地に係る固定資産税の評価額は市町村にとって操作可能であると考えたため，このような議論が存在する。
2) 基準税率は県分，市町村分ともに 75％である。したがって，地方自治体の地方税収入から留保される割合は 25％である。

井堀（2001），土居（2000b）などは，市町村には評価額決定についてある程度の権限が与えられており，評価額を下げることによって地元の住民の租税負担を減らし，基準財政収入額を減少させて，地方交付税の受け取りを増加させているという主張を展開している[4]。こうした主張に対して，堀場他（2003）や近藤（2002）は，制度論的なアプローチで実証分析を行い，市町村が評価額を下げ，地方交付税の受け取りを増加させることは制度的に不可能であると結論づけている[5]。

　詳しくは後述するが，堀場他（2003）などが指摘するように，市町村が評価額を操作し，恣意的に評価額を低くして地方交付税の受け取りを増加させるということは制度的に不可能である。しかしながら，堀場他（2003）などは，課税に際して固定資産税の課税標準となるべき価格を用いている都市計画税制度[6]について考慮していない。仮に市町村が土地に係る固定資産税の課税標準額を減少させることができたとしても，土地に係る固定資産税の基準財政収入額の減少と同時に，都市計画税の減収をもたらす。また，都市計画税は基準財政収入額の算定対象とはなっていないため，地方交付税の受

3） 先行研究と同様に，分析対象は土地に係る固定資産税と地方交付税の関係に限定し，家屋ならびに償却資産については除くものとする。

4） 土居（2000a）は都市財政におけるフライペーパー効果の分析の前提として，都市に固定資産税（特に固定資産税課税対象の資産評価額）の設定に関する裁量の余地があることを仮定している。分析の結果，固定資産税収入に比して地方交付税が少ない地方自治体は（意図するか否かは問わず）固定資産税の減税を通じて地方公共財供給をより効率的に行うことができるため，フライペーパー効果は生じないと結論づけている。ただし，実際に固定資産税の課税対象資産の評価率を（意図するか否かにかかわらず）抑制することで減税を行っているかどうかは，固定資産税の課税状況を確かめなければならないとしている。

5） これらの先行研究のほかに，直接的に固定資産税と地方交付税との関係を分析した研究ではないが，西村・清水（2002）が固定資産税評価額の上方バイアスの可能性を指摘している。西村・清水（2002）は，1994年度以降の7割評価によって固定資産税評価額が公示地価に連動したことにより，地方財政環境が厳しい近年においては，上方へのバイアスが働く可能性を指摘する声もあると述べている。また，中西（1999）は固定資産評価基準による評価システムはきわめて中央集権的な性格を強くもっており，事実上，地方自治体の課税自主権は阻害され，有名無実になっていることを指摘している。

6） 償却資産を除く。ただし，負担調整措置や課税標準の特例措置が固定資産税と異なるため，課税標準の水準は異なる。

け取りが増加するわけではない。したがって，都市計画税の課税団体においては，地方交付税の受け取りの増加額以上に固定資産税収に加えて都市計画税収も減少することとなる。

そこで，本章においては堀場他（2003）とは異なる手法によって，市町村が評価額を下げ，地方交付税の受け取りを増加させようとしていないことを明らかにする。本章の分析から，固定資産税制度において地方自治体に対する制度による拘束が存在しており，その背景には市町村間の負担水準の均衡化があることが示される。

1 地方交付税の受け取りを増加させるための諸条件

ここで，分析を進めるにあたり，市町村が評価額を引き下げて基準財政収入額を減らし，地方交付税の受け取りを増やすための条件を整理しておきたい。市町村が地方交付税の受け取りを増やすためには次の条件を満たすことが必要である[7]。

条件1　市町村は評価額を裁量的に決定することができる。
条件2　市町村は土地に係る固定資産税の課税標準額を操作することができ，そのことを通じて基準財政収入額を操作することができる。
条件3　市町村は一般財源総額の減少よりも地方交付税の増加を望む。

先行研究において主張されているように，7割評価や固定資産評価基準による評価といった制度的要因によって条件1を満たすことはできない。残るは条件2と3である。

堀場他（2003）は課税標準額決定に関する裁量性（条件2）の成立の可能性を否定している。その根拠は次の通りである。後述する評価額と課税標準

---

[7] ミクロ的にはこれらの条件を満たせば地方交付税の受け取りを増やすことが可能となると考えられる。しかし，2001年度以降，地方交付税総額は削減されており，マクロ的には地方交付税が増加するような状況にはない。

額の「二重構造」によって，課税標準額は評価額から軽減措置額を差し引いて求められる。軽減措置は住宅用地に対する課税標準の特例措置（以下，住宅用地特例と略す），宅地等に対する負担調整措置などからなり，いずれも地方税法附則などで法定されている。したがって，市町村が裁量的に課税標準額を低く抑えることはできない。制度的要因によって条件2も満たすことができないわけであるが，このことを先行研究とは異なる手法によって示すため，改めて条件2について考察する。

　次に条件3について述べておきたい。条件1および2が制度的な条件であったのに対し，条件3は市町村の行動に関するものである。市町村が評価額を引き下げ（条件1），土地に係る固定資産税の課税標準額も減少すれば（条件2），固定資産税収は減少する。さらに，その市町村が都市計画税の課税団体であれば，都市計画税収も減少するが，都市計画税の減税は地方交付税の受け取りを増加させるものではない。他方，基準財政収入額が減少すれば，地方交付税の受け取りは増えることになるが，総額で見れば一般財源は減少することになる。しかし，固定資産税を減税することは地元住民の負担を軽減することになるため，市町村は一般財源総額の減少を選択する。これが条件3の内容である。本章においてはこの条件3の合理性を検討する。

　さらに，地方交付税の受け取りを増加させるための諸条件が成立し，交付団体が地方交付税の受け取りを増加させているならば，不交付団体と交付団体との間には評価額や課税標準額について異なる傾向が見られるはずである。不交付団体においては評価額や課税標準額を引き下げる必要がない。むしろ逆に不交付団体にはそれらを引き上げる誘因すら存在し得る。そこで本章においては，不交付団体と交付団体との間には評価額や課税標準額について異なる傾向が見られるのかを改めて検証する。

2　1990年代以降の土地に係る固定資産税の状況

固定資産税の安定性と制度変更の概要

　さて，分析を進めていく前に，1990年代以降の土地に係る固定資産税の

状況について触れておきたい。土地に係る固定資産税は1993年度以降，市町村民税法人均等割および法人税割を上回り，安定的に推移している。周知のように，バブル崩壊以降，地価は下落傾向にある。そのような状況においても土地に係る固定資産税が安定的に推移している要因の一つとして，固定資産税の制度変更が挙げられる。

　制度変更の概要は次の通りである。昭和から平成への移行期にバブル経済が高進する中で，地価抑制のための税制措置が強く求められた。そして1989年に土地基本法が成立し，地価抑制政策の一環として土地税制の見直しも行われるようになった。1991年度の地方税改正においては三大都市圏の市街化区域内農地に対する宅地並み課税や特別土地保有税の強化が行われたが，土地基本法第16条に規定された「公的土地評価の相互の均衡と適正化」という問題は未解決のままであった。土地評価については，地価公示価格，評価額，相続税路線価，実勢価格の間に一物四価といわれる不統一が見られるうえ，7割評価以前は評価額の地価公示価格に対する割合は1991年度には3割台に低下しており，固定資産税評価を大幅に引き上げることによって公的土地評価の相互の均衡化と適正化を推進することが目標とされた。そこで，1994年度の評価替えは宅地評価を地価公示価格の7割とすることを目標に実施されたのである[8]。

　この評価替えによって，土地の評価率は大きく高まった一方で，土地に係る固定資産税の実効税率はこれと異なる動きをしていた。1991年度以降，実効税率は年々増加したが，7割評価が実施された1994年度には大きな変化は見られなかった。評価率と実効税率とが異なる動きをしている要因の一つとして，負担調整措置と住宅用地特例の影響が指摘されている[9]。

　負担調整措置は，評価方法が全国的に統一され，時価評価が適用されるようになった1964年度の評価替えによって見込まれた税負担の激変を緩和し

---

8) 林編 (2003), p. 139.
9) 田中 (1999) は宅地評価率と実効税率を比較し，「実効税率は，住宅用地に係る特例と負担調整の二重の装置のために，評価率とは違った推移をたどっている」と指摘している。

つつ，負担の漸増を図るために導入されたものである[10]。この措置のもとでは本則税額と負担調整措置を適用した際の調整固定資産税額を比較していずれか少ない額をその年の納税額とすることとなった。税負担をなだらかに上昇させるというこの措置は1997年度に改められ，これ以降，負担水準（本則課税される新評価額に対する前年度課税標準額の割合）の均衡化に狙いを定めた負担調整措置が採られることとなった。負担水準は過去の経緯から地域や土地によって相当のばらつきがあり，新たな負担調整措置は評価額と課税標準額の乖離幅のばらつきを是正することを目的としている[11]。

他方，住宅用地については，税負担の増加をできるだけ緩和することが住宅政策上の見地から必要であるという考え方に基づき，1973年度から課税標準を2分の1とする特例が設けられ，さらに，1974年度から住宅用地のうち面積が200m^{2}以下である小規模住宅用地については課税標準の4分の1とする特例が設けられた。そして，7割評価以降，この特例措置が住宅用地については3分の1，小規模住宅用地については6分の1に拡充された[12]。こうした特例措置は地方税法に内容が定められており，市町村が変更することはできない。

評価額と課税標準額の乖離

図5-1は7割評価前後の負担調整措置と住宅用地特例による課税標準の軽減額を示している。この図から1994年度の7割評価実施以降，両者は大きく増加したことを読み取ることができる。7割評価による評価額の上昇と負

---

10) 1964年度分の固定資産税から，評価額は固定資産評価基準によって評価が行われることになっている。これ以前の評価基準は，市町村長の評価の際における技術的援助として固定資産の評価の基準ならびに評価の実施の方法および手続きを定めて示されていたものであって，市町村長はこれに「準じて」評価を行うことになっていたのであるが，法改正により「準ずる」が「よる」となり，固定資産の評価の方法が統一された。それまでは特に土地の評価が全国一律の基準で行われていないことによって，市町村間の評価の不均衡が見られ，評価額が時価を著しく下回っている状況にあった。
11) 関口 (2004), pp. 137-139.
 なお，2006年度の評価替えに伴い，負担調整の方法が変更されたが，制度の目的には変更はない。
12) 固定資産税務研究会編 (2005), pp. 108-115.

第5章 固定資産税・都市計画税と地方交付税

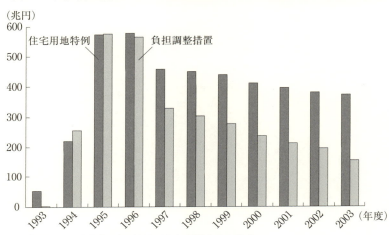

図 5-1 負担調整措置および住宅用地特例による課税標準の軽減額の推移

出所：『固定資産の価格等の概要調書（各年度版）』より作成。

担調整措置および住宅用地特例の結果，評価額と課税標準額は大きく異なるようになった。図 5-2 において 7 割評価以降の宅地評価額と課税標準額の変化率をそれぞれ示した。この図から課税標準額は評価額と比較して変化率が小さいこと，1997 年度に評価額が減少したのに対し，課税標準額は減少していなかったこと，1999 年度までは評価額が低下する中で課税標準額は減少せず，2000 年度以降は評価額ほど課税標準額は減少していないことを読み取ることができる。このように，負担調整措置と住宅用地特例の影響により評価額と課税標準額が異なる動きをしているために，評価率と実効税率とが異なる動きをしているものと思われる。

以上見てきたように，1990 年代以降の土地に係る固定資産税の特徴として，市町村税収に占める土地に係る固定資産税のウエイトの上昇，1994 年度に実施された 7 割評価による評価額の上昇，負担調整措置や住宅用地特例といった課税標準の軽減措置による評価額と課税標準額の大幅な乖離，の 3 点を指摘することができるであろう。

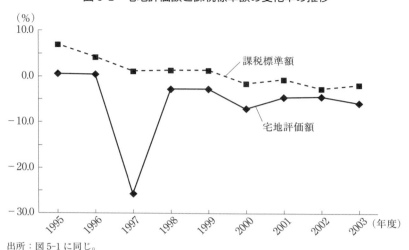

図5-2 宅地評価額と課税標準額の変化率の推移

出所：図5-1に同じ。

3 土地に係る固定資産税の基準財政収入額算定における裁量性の検証（条件2の検証）

固定資産税における「二重構造」と基準財政収入額の算定

　先述した1990年代以降の土地に係る固定資産税の特徴を踏まえたうえで，本題に入る。問題とされている土地に係る固定資産税の基準財政収入額は，どのように算定されているのであろうか。算定方式はおよそ次の通りである。なお，7割評価前後で算定方法が変更された。7割評価以前は，

$$課税標準額 \times 0.014 \times 0.75 \times 0.98$$

であったが，現在は，

$$（提示平均価額^{13)} \times 地積 - 負担調整措置額） \times 0.014 \times 0.75 \times 0.98$$

である[14]。

　しかし，算定方式が変更されても，結果的には土地に係る固定資産税の課

税標準額によって基準財政収入額が算定されることに変わりはない。税額の決定が土地の評価によって終わらず，負担調整措置と住宅用地特例が介在することはすでに触れた通りである。この問題は7割評価以前から「二重構造」問題として取り上げられている[15]。税額の決定が土地の評価によって終わらないように，基準財政収入額の算定も土地の評価によって終わらない。この「二重構造」のもとでは，評価額のみによって基準財政収入額は算定されないのである。したがって，単純に評価額を下げることによって基準財政収入額を減少させて，地方交付税の受け取りを増加させることはできない。

負担調整措置と住宅用地との関係

このようにして算定される土地に係る固定資産税の基準財政収入額の基礎となる課税標準額を市町村が操作することは不可能であること，すなわち先述した条件2を満たすことができないことと，不交付団体と交付団体との間には課税標準額について異なる傾向が見られないことを定量的に明らかにするため，本章においては大阪府内市町村のデータを用いて，土地に係る固定資産税の実効税率[16]（単位：％，年度，出所『自治大阪』，『市町村税徴収実績』，『固定資産税概要調書の数値』より作成）と総宅地面積に占める住宅用地面積の割合（出所『自治大阪』，『固定資産税概要調書の数値』より作成）との関係を示すこととする。

両者の関係を示す根拠は次の通りである。先述したように，

---

13) 横田他編（2002）によれば，土地の提示平均価額は，田，畑，宅地および山林の4項目について，それぞれ総評価見込額を算定し，これを当該項目に係る土地の総地積で除して求めるものである。この場合，総評価見込額は，都道府県ごとに総務大臣の指定する市町村にあっては総務大臣が，指定市町村以外の市町村にあっては都道府県知事が，それぞれ算定するものとされている。

14) 7割評価以前の基準財政収入額の算定方法は地方交付税制度研究会編（1993），7割評価以後は地方交付税制度研究会編（2006）を参照。なお，式中の0.014は固定資産税の標準税率，0.75は基準財政収入額への算入率，0.98は捕捉徴収率を表している。

15) 田中（1999），p.84.

16) （土地に係る固定資産税の実効税率）＝（土地に係る固定資産税の調停済額）／（評価額）と定義する。

土地に係る固定資産税の課税標準額＝評価額－負担調整措置額

である。市町村は評価額を裁量的に決定することができないが，課税標準額を裁量的に決定することができるというのであれば，負担調整措置などによる課税標準額の軽減額を裁量的に決定することができるということになる。しかし，先述の通り，特例措置の内容は地方税法に定められており，市町村が変更することはできない。また，課税標準額の軽減額全体に占める割合の高い住宅用地特例による軽減額は，市町村にとって操作不可能である住宅用地面積に依存する[17]。したがって，負担調整措置などによる課税標準額の軽減額を市町村は裁量的に決定することはできないと考えられる。そこで，課税標準額の軽減の対象となる小規模住宅用地・一般住宅用地面積の総宅地面積に占める割合と実効税率との関係を見ることを通じて，課税標準額決定における市町村の裁量性について検討する。

データは大阪府内市町村のうち42市町村のものを用いる[18]。これは土地に係る固定資産税収入額や評価額のデータが利用可能であるためである。

図5-3は2004年度における土地に係る固定資産税の実効税率と住宅用地面積の割合のデータをプロットしたものである。この図から両者は強い負の相関関係にあることを読み取ることができる。二変数間の相関係数は－0.917であった。また，不交付団体については次のことを指摘することができる。第1に，交付団体と異なる傾向があることを読み取ることはできない。第2に，土地に係る固定資産税の課税標準額を減少させても地方交付税の受け取りを増加させることができないにもかかわらず，不交付団体の実効税率は必ずしも相対的に高くない。

この図において示した両者の1997～2003年度における相関係数を求めた

---

17) 田中（1992）は1973～1990年度までの課税標準額の軽減額について，基礎控除（免税点），住宅用地の特例，負担調整措置の三者を比較し，「（前略）今日，住宅用地にかかる特例は課税標準の控除，減額措置の中心に置かれているのである」と指摘している。また，1997年度以降に負担調整措置額が減少したのは，1997年度に実施された制度変更が要因の一つであろうと思われる。
18) 大阪市，田尻町，堺市と合併した美原町を除いている。

図 5-3　土地に係る固定資産税の実効税率と総宅地面積に占める住宅用地面積の割合（2004 年度）

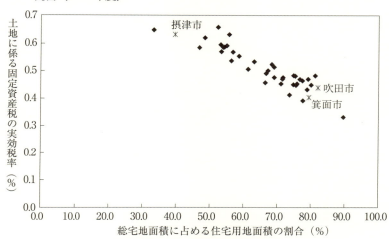

注：不交付団体については図中に市名を記載し，※で示している。
出所：「固定資産税調書の数値」および「市町村税徴収実績」（大阪府）より作成。

ところ，両者は強い負の相関関係にあった[19]。したがって，土地に係る固定資産税の実効税率は住宅用地特例による課税標準額の軽減を中心とした制度に規定されるのであり，市町村が地方交付税の受け取りを増加させるために裁量的に課税標準額を減少させることは制度的に不可能であることがいえるであろう。

評価額ほど減少しなかった基準財政収入額

　さらに，別のデータによって条件 2 が成立していないことを示すため，提示平均価額と土地に係る固定資産税の基準財政収入額の減少率を比較する。仮に条件 2 が成立していれば，市町村は操作不可能である評価額の低下よりも土地に係る固定資産税の基準財政収入額を大きく減少させることによって，

---

19)　1997 年度における相関係数は －0.828，1998 年度は －0.844，1999 年度は －0.851，2000 年度は －0.874，2001 年度は －0.900，2002 年度は －0.913，2003 年度は －0.917 であった。

地方交付税の受け取りを増加させることができる。その場合，評価額よりも土地に係る固定資産税の基準財政収入額の減少率が大きくなっている可能性がある。また，不交付団体においては課税標準額の減少によって単純に税収が減少することになるので課税標準額を減少させることはないはずであろうから，基準財政収入額も減少していないはずである。

表 5-1 において評価替えが行われた 2000 年度および 2003 年度における宅地提示平均価額と土地に係る固定資産税の基準財政収入額の対前年度変化率

表 5-1　宅地提示平均価額と土地に係る固定資産税の基準財政収入額の変化率
　　　（2000 年度および 2003 年度）

（単位：％）

市町村名	2000 年度 a	2000 年度 b	2003 年度 a	2003 年度 b	市町村名	2000 年度 a	2000 年度 b	2003 年度 a	2003 年度 b
堺市	-9.37	-5.49	-10.66	-8.00	羽曳野市	-9.37	0.76	-8.53	-2.49
岸和田市	-12.54	-2.37	-12.83	-8.53	門真市	-6.94	-0.57	-12.97	-6.79
豊中市	-7.15	-1.49	-6.95	-2.68	摂津市	-4.24	2.10	-9.52	-3.21
池田市	-5.81	-1.77	-7.27	-3.28	高石市	-12.99	-12.53	-13.93	-13.57
吹田市	-7.25	-2.35	-7.21	-3.11	藤井寺市	-11.29	-1.36	-9.08	-4.93
泉大津市	-12.14	-2.29	-10.76	-6.23	東大阪市	-11.48	-1.26	-11.22	-7.75
高槻市	-5.56	-0.55	-10.52	-4.70	泉南市	-11.21	-2.16	-11.74	-7.88
貝塚市	-9.88	-1.34	-13.58	-2.53	四条畷市	-11.05	5.73	-9.69	-4.78
守口市	-8.03	-2.53	-10.04	-4.49	交野市	-10.09	1.49	-10.64	-2.18
枚方市	-8.34	0.90	-9.26	-3.84	大阪狭山市	-11.75	-0.19	-11.56	-2.04
茨木市	-7.98	-0.55	-9.38	-6.04	阪南市	-9.30	2.83	-12.38	-2.51
八尾市	-10.22	-1.28	-9.22	-4.35	島本町	-10.28	-0.89	-10.59	-7.41
泉佐野市	-13.28	-5.36	-11.31	-9.69	豊能町	-7.07	-0.35	-12.12	-3.28
富田林市	-13.90	-3.03	-10.86	-5.20	能勢町	-8.97	2.05	-7.21	-0.68
寝屋川市	-7.10	-0.02	-9.38	-2.15	忠岡町	-10.15	3.43	-15.51	-9.76
河内長野市	-12.41	-1.40	-12.00	-5.21	熊取町	-10.82	0.00	-12.04	-9.72
松原市	-11.44	-2.81	-10.50	-5.65	岬町	-10.56	0.59	-12.54	-3.50
大東市	-9.35	-0.74	-10.61	-8.14	太子町	-10.53	0.43	-14.63	-6.69
和泉市	-12.93	-0.82	-12.54	-2.12	河南町	-8.96	-0.72	-15.91	-10.91
箕面市	-6.80	0.60	-6.33	-1.10	千早赤阪村	-10.18	1.18	-10.98	-3.45
柏原市	-8.05	0.33	-9.58	-4.94	美原町	-12.09	1.40	-10.95	-3.58

a：提示平均価額の変化率　　b：基準財政収入額の変化率
注：不交付団体は市名に下線を付している。
出所：「固定資産税調書の数値」（大阪府）および『自治大阪』より作成。

を示した。この表から，提示平均価額，すなわち評価額の低下率は，土地に係る固定資産税の基準財政収入額の減少率より大きいことを読み取ることができる。むしろ地価下落の局面において，土地に係る固定資産税の基準財政収入額は評価額ほど減少していなかった。したがって，条件2が成立し，市町村は操作不可能である評価額よりも土地に係る固定資産税の基準財政収入額を大きく減少させることで地方交付税の受け取りを増加させているとは必ずしもいえない。

また，不交付団体は交付団体と同様の傾向を示しており，基準財政収入額が減少しているところも見られる。地方交付税の受け取りを増加させるための諸条件が成立し，交付団体が地方交付税の受け取りを増加させているならば，不交付団体と交付団体との間には評価額や課税標準額について異なる傾向が見られるはずであると先に述べたが，そのような傾向が見られるとは必ずしもいえない。

したがって，市町村が課税標準額を操作することは制度的に不可能であり，土地に係る固定資産税の基準財政収入額を減少させることで地方交付税の受け取りを増加させようとする動きは見られないこと，不交付団体と交付団体との間には異なる傾向は見られないことがいえるであろう。

4　課税標準額の変化による一般財源への影響（条件3の検証）

都市計画税への着目

次に都市計画税に着目し，固定資産税とあわせて見ていくことによって，市町村が課税標準額を減少させることの影響や合理性を考える。先述した条件3（市町村は一般財源総額の減少よりも地方交付税の増加を望む）の検証のためである。

都市計画税は，都市計画法に基づいて行う都市計画事業または土地区画整理事業の費用に充てるため，市町村が原則として市街化区域内にある土地および家屋に対して，その価格（固定資産税の課税標準となるべき価格）を課税標準とし，当該土地または家屋の所有者に課する目的税である。この税は，

軽油引取税，入湯税などのように課税が義務づけられている目的税ではなく，市町村が任意に条例の定めるところによって課税することができるものである。都市計画税の課税区域は，原則として，都市計画区域のうち市街化区域である[20]。また，都市計画税は基準財政収入額の算定対象とはなっていない[21]。つまり，都市計画税の減税によって地方交付税の受け取りが増加するわけではないのである。

したがって，仮に市町村が土地に係る固定資産税の課税標準額を減少させることができたとしても，土地に係る固定資産税の基準財政収入額の減少と同時に，都市計画税の減収をもたらすわけである[22]。条件3が成立するということは，都市計画税の課税団体は固定資産税と都市計画税の減収よりも地方交付税の増収を望むことになる。そこで，課税標準額の変化によって一般財源がどのくらい変化するのかを都市計画税を含めて明らかにし，条件3の合理性を検討する。

課税標準額の変化による一般財源への影響

市町村が土地に係る固定資産税の課税標準額を変化させると一般財源はどのくらい変化するのかを，都市計画税の課税団体のうち交付団体を例に簡単な式とデータを用いて明らかにする[23]。

交付団体（$SFN-SFR>0$）の一般財源 G は，次のように表すことができる。

$$G = LAT + LT + Z$$
$$= SFN - SFR + LT + Z$$
$$= SFN - (SFR_p + SFR_o) + LT_p + LT_c + LT_o + Z$$
$$= SFN + 0.014 TB_p (l_p - 0.735) + 0.003 TB_c l_c - SFR_o + LT_o + Z \quad (1)$$

---

20) 原田他（1999），pp. 424-426.
21) 兵谷他（1999），pp. 273-275.
22) 国税である登録免許税や都道府県税である不動産取得税においても，土地に関する課税標準として評価額が用いられているが，本章の分析対象としない。ただし，評価額が下がれば，これらの税収はその分減少することはいうまでもない。
23) 都市計画税を課税していない町村は，都市計画税＝0となる。

ただし，LAT は普通交付税，LT は地方税，Z はその他の財源，SFN は基準財政需要額，SFR は基準財政収入額，SFR_p は土地に係る固定資産税の基準財政収入額，SFR_o はその他の基準財政収入額，LT_p は土地に係る固定資産税，LT_c は土地に係る都市計画税，LT_o はその他の地方税，l_p は土地に係る固定資産税の徴収率，l_c は土地に係る都市計画税の徴収率，TB_p は土地に係る固定資産税の課税標準額，TB_c は土地に係る都市計画税の課税標準額である。

ところで，ほとんどの都市計画税の課税団体において，$l_p = l_c$ である。

また，$TB_c = \omega TB_p$ とすれば，(1)式は次のように書き換えることができる。

$$G = SFN + ((0.014 + 0.003\omega)l_p - 0.014 \cdot 0.735)TB_p - SFR_o + LT_o + Z \qquad (2)$$

したがって，都市計画税の課税団体においては，固定資産税の課税標準額の変化によって都市計画税収（$=0.003\omega TB_p l_p$）も変化することとなる。

ここで，(2)式を用いて 2004 年度における土地に係る固定資産税の課税標準額と固定資産税・都市計画税の徴収率（現年課税分）を用いて試算を行う。制度的には成立し得ない条件 2 が成立すると仮定し，市町村が土地に係る固定資産税の課税標準額を操作することが可能であるときに課税標準額を 10％変化させた場合，一般財源はどのくらい変化するのかを示す。なお，都市計画税を課税していない町村については固定資産税の課税標準額のみを用いて試算を行っている（$\omega=0$）[24]。データは引き続き大阪府内市町村のものを用いる[25]。これは次の二つの理由による。一つは課税標準額データが利用可能であるためである。もう一つは大阪府が民有地面積に占める宅地面積の割合の高い，特に都市的な地域であるためである[26]。これらの理由により固定資産税とあわせて都市計画税の分析が可能となると考える。一般財源の変化

---

24) 都市計画税を課税していないのは，豊能町，能勢町，熊取町，岬町，太子町，河南町，千早赤阪村である。
25) 不交付団体である吹田市，箕面市，摂津市，田尻町と，堺市と合併した美原町は除いている。
26) 2003 年度における大阪府の民有地面積に占める宅地面積の割合は 56.17％（『固定資産の価格等の概要調書』より算出）であり，東京都の 53.94％を超える高い割合である。

表 5-2　一般財源の変化額の試算

(単位：百万円)

市町村名	変化額	市町村名	変化額	市町村名	変化額
大阪市	5,591	富田林市	120	四條畷市	74
堺市	1,203	寝屋川市	290	交野市	85
岸和田市	241	河内長野市	114	大阪狭山市	63
豊中市	582	松原市	150	阪南市	55
池田市	168	大東市	200	島本町	38
泉大津市	122	和泉市	213	豊能町	8
高槻市	476	柏原市	90	能勢町	3
貝塚市	108	羽曳野市	128	忠岡町	32
守口市	234	門真市	229	熊取町	20
枚方市	540	高石市	139	岬町	14
茨木市	430	藤井寺市	84	太子町	6
八尾市	436	東大阪市	865	河南町	6
泉佐野市	180	泉南市	93	千早赤阪村	3

注：都市計画税を課税していない町村には町村名に下線を付している。
出所：図5-3に同じ。

額の試算を示したものが表5-2である。課税標準額を10％減少させれば，この表において示した額だけ一般財源は減少し，課税標準額を10％増加させれば，この表において示した額だけ一般財源は増加する。

一般財源の減少による予算規模の縮小

　固定資産税の課税標準額を操作することは制度的に不可能であるということは，すでに堀場他（2003）や本章において指摘してきた通りである。しかし，条件2が成立すると仮定し，市町村が固定資産税の課税標準額を操作することが可能であったとしても，課税標準額を減少させれば一般財源は減少することになる。さらに，都市計画税の課税団体においては都市計画税収分だけさらに一般財源は減少することになるが，都市計画税の減税によって地方交付税の受け取りは増加しない。このような行動は市町村にとって合理的ではない。

　というのは，一般財源総額を減少させることは予算規模の縮小につながる

からである。第1章や前章においても触れたが、丸山（1988）は、国庫支出金と地方債を充当した残額に充当する一般財源の重要性を指摘し、一般財源は個々の事務事業予算単位の核となるものであり、一般財源の総量は総予算の中核をなし、その総量の大小が予算規模決定の最大の要因となることを指摘している。

いま、ある団体の予算規模をE、個別の事務事業費をeとすれば、

$$E = \sum e_i \tag{3}$$

である。

個別の事務事業に充当される一般財源をg、一般財源総額をG、個別の国庫補助負担率をα、個別の起債充当率をβとすれば、個別の事務事業費はe、

$$e = \alpha e + \beta e + g = (\alpha + \beta)e + g$$

で示される。ここから、

$$e = \frac{g}{(1-\alpha-\beta)} \tag{4}$$

となる。また、

$$G = \sum g_i \tag{5}$$

である。

(3)、(4)、(5)式から、

$$E = \sum e_i = \sum \frac{g_i}{(1-\alpha_i-\beta_i)} = \frac{G}{\sum(1-\alpha_i-\beta_i)} \tag{6}$$

となる。α_iおよびβ_iは一定であり、$0 < \sum(1-\alpha_i-\beta_i) < 1$であるので、予算規模$E$は一般財源$G$の関数である。つまり、$G$が大きければ大きいほど$E$が大きくなり、$G$が小さくなれば$E$は小さくなる。予算規模決定要因は一般財源総量である[27]。

---

27) 丸山（1988）, pp. 236-238.

したがって，一般財源総額を減少させることは予算規模の縮小につながる。一般財源が地方自治体の裁量的行動を可能にするということについては，すでに本書で述べてきたところであるが，地方自治体が地方交付税の受け取りを増加させるために一般財源を減少させることは，地方自治体の裁量的行動を制約することにつながるのである。逆に固定資産税の課税標準額を増加させれば，一般財源は増加し，予算規模の拡大も可能となる。条件2が成立し，市町村が固定資産税の課税標準額を操作することが制度的に可能であれば，特に都市計画税の課税団体においては井堀（2001）や土居（2000b）の枠組みとは逆に，課税標準額を増加させようとする誘因すら存在し得る。条件1および2が成立しないことから，そのようなことは実際には生じないが，理論的にも市町村が土地に係る固定資産税の評価額を意図的に低くし，基準財政収入額を減少させて，地方交付税の受け取りを増加させる可能性は低いといえるのではないだろうか。

おわりに

　本章においては，市町村が土地に係る固定資産税の評価額を意図的に低くし，基準財政収入額を減少させて，地方交付税の受け取りを増加させてきたのかということについて分析を行った。得られた知見は次の通りである。
　第1に，先行研究も指摘するように，市町村が課税標準額を裁量的に決定すること（条件2）は制度的に不可能であり，裁量的に課税標準額を決定しているとは必ずしもいえないことが定量的にも確認された。課税標準額は制度に規定されるものであって，市町村の裁量によって決定されるものではなかった。
　第2に，地方交付税の受け取りを増加させるための諸条件が成立し，交付団体が地方交付税の受け取りを増加させているならば，不交付団体と交付団体との間には評価額や課税標準額について異なる傾向が見られるはずであるが，そのような傾向は見られなかった。
　第3に，市町村が固定資産税の課税標準額を操作することが可能であった

第 5 章　固定資産税・都市計画税と地方交付税

としても，課税標準額の減少は一般財源の減少をもたらす。また，都市計画税の課税団体においては課税標準額を減少させれば，地方交付税の受け取りの増加額以上に，固定資産税に加えて都市計画税も減少することになる。ところが，都市計画税の減税によって地方交付税の受け取りは増加しない。地方交付税を増加させたいために一般財源総額を減少させるというこのような行動は市町村にとって合理的ではない。というのは，一般財源総額を減少させることは予算規模の縮小につながり，地方自治体の裁量的行動を制約することになるからである。市町村が固定資産税の課税標準額を操作することが可能であったとすれば，課税標準額を増加させようとする誘因すら存在し得る。条件 1 および 2 が成立しないことから，そのようなことは実際には生じないが，理論的にも市町村が土地に係る固定資産税の評価額を意図的に低くし，基準財政収入額を減少させて，地方交付税の受け取りを増加させる可能性は低いといえるのではないだろうか。

　本章における市町村レベルの分析は大阪府内市町村データのみを用いたものであるが，本章の分析結果からは市町村は基準財政収入額を恣意的に減少させ，地方交付税の受け取りを増やそうとしているとは必ずしもいえなかった。こうした結果は，地方自治体に対する制度による拘束が固定資産税制度においても存在していることを示している。

　さらに，市町村が評価額を意図的に低くし，基準財政収入額を減少させて，地方交付税の受け取りを増やすことが制度的に不可能である背景には，固定資産税における負担水準の均衡化という政策が存在する。第 2 章において市町村民税所得割の課税方式の統一と標準税率・制限税率の導入の過程について検討を行ったが，先に触れた 1964 年度の評価方法の統一や 1997 年度の負担調整措置の制度変更は，負担水準の均衡化を目的としたものであり，負担水準の市町村間不均衡の解消は，依然として日本の地方財政制度の重要な形成要因なのである。

115

第6章

2000年代における投資的経費

はじめに

　本章においては，2000年代における地方自治体の投資的経費に関して，市町村について分析を行う。この時期においては，いわゆる「平成の大合併」の分析を主たる目的とした合併特例事業債（以下，合併特例債）による投資的経費の誘導に関する研究が中心に行われてきたが，合併特例債のみならず市町村合併を行っていない市町村（以下，非合併市町村）における投資的経費や，合併特例債が起債対象としていなかった補助事業についても分析の対象とする。

　第4章において1990年代における中央政府による地方自治体の投資的経費の誘導について議論した。では，2000年代において投資的経費にはどのような動きが見られたのであろうか。2000年代には投資的経費全体が減少し，交付税措置が講じられる地方債の事業費補正のあり方が見直される中で，市町村合併を行った市町村（以下，合併市町村）が合併特例債など市町村合併関連の交付税措置される地方債を数多く起債した。たとえば，町田（2006）や高木（2006）はこの問題に関する研究を行っている。しかし，周知のように，こうした地方債を発行することができたのは合併市町村に限られており，市町村合併関連の地方債のみに着目していると，この時期における投資的経費の全体像を把握することはできない。実際，2002年度において3,200ほど存

117

在した市町村のうち，2009年度末の段階で1,162市町村は市町村合併を行っておらず[1]，3分の1強の市町村が分析の対象から除外されることになる。また，事業費という観点から見ると，2002～2008年度における非合併市町村の普通建設事業費の普通建設事業費総額に占める割合は，2003年度および2004年度を除いて合併市町村のそれよりも高く[2]，合併市町村のみを分析するのでは投資的経費の半分以上を分析しないことになる。

そこで，本章においてはこれまで論じられてこなかった非合併市町村の投資的経費と地方債発行の動向に着目することによって，2000年代における地方自治体の投資的経費の実態を明らかにする。そのうえで，第4章の分析結果も踏まえ，中央政府による事業誘導の累積的過程について言及する。

本章は次のように構成されている。まず1において分析のためのグループ分けを行い，地方債発行における各グループの特徴を明らかにする。2においては三つのグループのうち非合併・非過疎市町村の分析を行う。そして，3においては分析を踏まえて三位一体改革における国庫補助金の交付金化と学校教育施設等整備事業債（以下，学校債）について論じる。

1 分析のためのグループ分けと地方債発行における各グループの特徴

合併・非合併と過疎・非過疎

本章において2002～2008年度における投資的経費の分析を行うにあたり，市町村を，合併・過疎市町村グループ，合併・非過疎市町村グループ，非合併・過疎市町村グループ，非合併・非過疎市町村グループの四つに分けることとする。グループ分けの基準として過疎市町村であるか否かを用いるのは，過疎市町村には過疎対策事業債（以下，過疎債）の起債や国庫補助金の補助率のかさ上げといった措置が講じられるためである。

---

1) 「市町村合併資料集」の「市町村名逆引き一覧（1999年3月31日時点の市町村名の変化）」から非合併市町村を抽出した。
2) 『市町村別決算状況調（各年度版）』より算出。

第6章　2000年代における投資的経費

表6-1　分析のためのグループ分け

(単位：団体数)

年度	合併・過疎グループ 市	合併・過疎グループ 町村	合併・非過疎グループ 市	合併・非過疎グループ 町村	非合併・過疎グループ 市	非合併・過疎グループ 町村	非合併・非過疎グループ 市	非合併・非過疎グループ 町村
2002	27	884	289	873	29	352	353	428
2003	40	840	290	823	29	352	353	428
2004	127	491	246	518	29	352	353	428
2005	230	161	188	103	29	352	353	428
2006	234	156	188	87	29	352	354	427
2007	235	150	188	81	29	352	354	427
2008	238	143	185	72	29	352	354	427

「合併」と「非合併」の区分は2009年度末までに合併した市町村を「合併」，そうでない市町村を「非合併」としている。また，「過疎」と「非過疎」の区分は，過疎市町村，過疎地域とみなされる市町村（みなし過疎），過疎地域とみなされる区域のある市町村（一部過疎），旧過疎活性化地域のうち過疎市町村以外のもの（「特定市町村」）を「過疎」，そうでない地域を「非過疎」としている。なお，市町村合併によって「非過疎」の地域が「過疎」の地域となったケースがあり，分析期間中に合併・非過疎市町村グループから合併・過疎市町村グループに移動したところがあることに留意されたい。

このような基準でグループ分けを行ったものを示したのが表6-1である。先に2009年度末の段階で1,162市町村は市町村合併を行っていないことを述べたが，非合併・過疎市町村グループと非合併・非過疎市町村グループとを足し合わせて考えるとそのような数字になる。

各グループの特徴

では，各グループはどのような地方債を発行していたのであろうか。それぞれの特徴を見ていきたい。

まず合併・過疎市町村グループについて見てみよう。図6-1は合併・過疎市町村グループにおける地方債発行額の推移を示したものである[3]。この図から読み取ることができるように，このグループにおいては2005年度に過

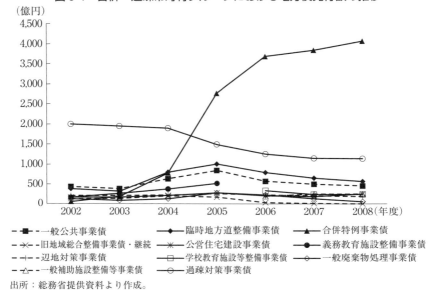

図 6-1　合併・過疎市町村グループにおける地方債発行額の推移

出所：総務省提供資料より作成。

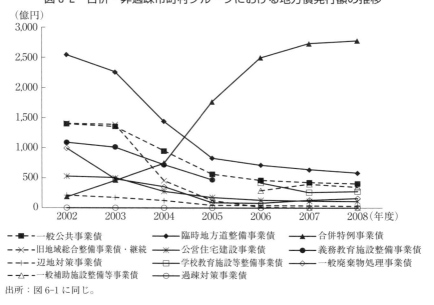

図 6-2　合併・非過疎市町村グループにおける地方債発行額の推移

出所：図 6-1 に同じ。

第 6 章　2000 年代における投資的経費

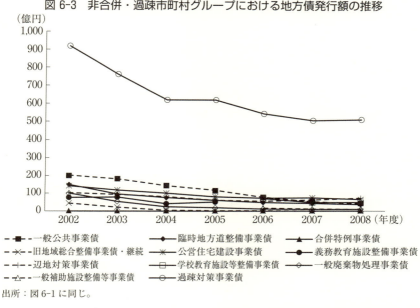

図 6-3　非合併・過疎市町村グループにおける地方債発行額の推移

出所：図 6-1 に同じ。

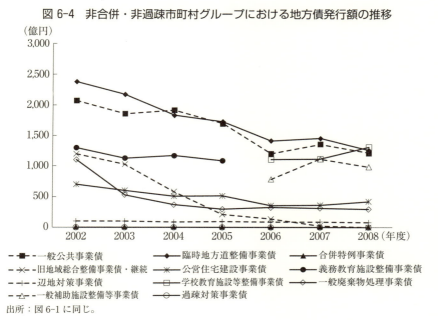

図 6-4　非合併・非過疎市町村グループにおける地方債発行額の推移

出所：図 6-1 に同じ。

疎債の発行額を合併特例債のそれが上回り，それ以降，合併特例債のそれが最も多い。

　次に，合併・非過疎市町村グループについて見てみよう。図6-2は合併・非過疎市町村グループにおける地方債発行額の推移を示したものである。この図から読み取ることができるように，このグループにおいては2005年度に臨道債の発行額を合併特例債のそれが上回り，それ以降，合併特例債のそれが最も多い。

　さらに，非合併・過疎市町村グループについて見てみよう。図6-3は非合併・過疎市町村グループにおける地方債発行額の推移を示したものである。この図から読み取ることができるように，このグループにおいては過疎債の発行額が最も多い。

　最後に，非合併・非過疎市町村グループについて見てみよう。図6-4において非合併・非過疎市町村グループにおける地方債発行額の推移を示した。この図から次の特徴を指摘することができる。第1に，一般公共事業債（以下，一般公共債）の発行額と臨道債のそれとが減少傾向にある。第2に，2006年度に学校債の発行額が増加傾向にあり，2008年度には一般公共債の発行額と臨道債のそれとを上回っている。第3に，2006年度に創設された一般補助施設整備等事業債（以下，一般補助施設債）の発行額のウエイトが高くなっている[4]。

　非合併・非過疎市町村グループのこれらの特徴は，後述する三位一体改革における国庫補助負担金の交付金化と密接な関わりがある。そこで，非合併・非過疎市町村グループについてより詳しく分析を行う。

---

3) 図中では発行額が相対的に大きかった地方債のみを示している。なお，ここでは臨時財政対策債は除いている。地方債発行額を示した他の図も同様である。
4) 2006年度に学校教育施設，社会福祉施設等の施設等整備を対象とした事業債が統合され，教育・福祉施設等整備事業債が創設された。小項目として学校債，一般補助施設債のほか，社会福祉施設整備事業債，一般廃棄物処理事業債，施設整備事業（一般財源化分）が設けられている。

2 非合併・非過疎市町村の分析

地方債発行額の推移

　図 6-5 は非合併・非過疎都市における地方債発行額の推移，図 6-6 は非合併・非過疎町村におけるそれを示したものである。これらの図から次の特徴を指摘することができる。第 1 に，非合併・非過疎都市においては学校債と一般補助施設債の発行額のウエイトが 2006 年度以降高くなっている。第 2 に，非合併・非過疎町村においても同様の傾向が見られるが，前者のウエイトのほうが高い。これは図 6-4 において示したグループ全体の傾向とは異なるものである。

最も多く発行された地方債の種類

　さらに，別の観点から非合併・非過疎市町村による地方債発行の状況を見てみたい。図 6-7 は個別の非合併・非過疎都市において発行された地方債の中で最も多く発行された地方債（臨時財政対策債を除く）について，地方債の種類別に団体数を計算したものの推移を示したものである。この図から読み取ることができるように，各市が発行する地方債の中で臨道債を最も多く発行したという市の数が減少し，学校債を最も多く発行したという市の数が増加して，2008 年度においてはその数が逆転している。また，一般補助施設債を最も多く発行したという市の数も増加している。

　町村レベルにおいてはさらにこの傾向が強まる。図 6-8 は個別の非合併・非過疎町村において発行された地方債の中で最も多く発行された地方債について，地方債の種類別に団体数を計算したものの推移を示したものである。この図から読み取ることができるように，2006 年度の時点で学校債を最も多く発行したという町村の数が多く，一般補助施設債を最も多く発行したという町村の数も増加している。

　図 6-4 ～ 6-8 から，非合併・非過疎市町村においては，学校債と一般補助施設債の発行額のウエイトは高く，これらが地方債発行額に占める割合が最

図 6-5 非合併・非過疎都市における地方債発行額の推移

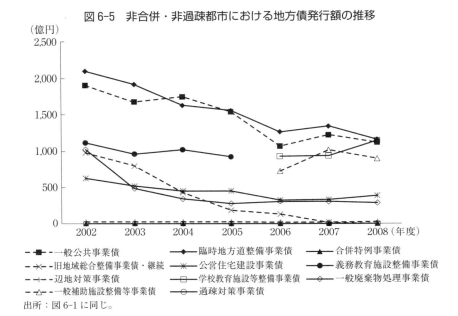

出所：図 6-1 に同じ。

図 6-6 非合併・非過疎町村における地方債発行額の推移

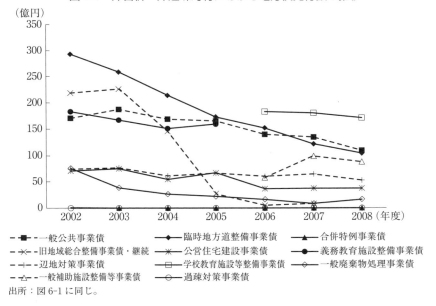

出所：図 6-1 に同じ。

第 6 章　2000 年代における投資的経費

図 6-7　個別の非合併・非過疎都市において最も多く発行された地方債の推移

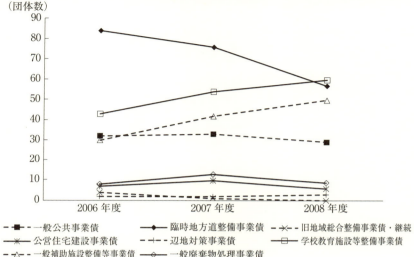

出所：図 6-1 に同じ。

図 6-8　個別の非合併・非過疎町村において最も多く発行された地方債の推移

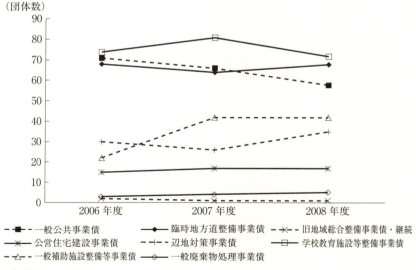

出所：図 6-1 に同じ。

125

表6-2 非合併・非過疎市町村グループにおける学校債と一般補助
施設債を発行しなかった市町村の割合の推移

市 (単位：％)

	2006年度	2007年度	2008年度
学校債	26.3	22.6	19.8
一般補助施設債	37.3	32.8	33.9

町村 (単位：％)

	2006年度	2007年度	2008年度
学校債	64.2	60.7	59.3
一般補助施設債	78.5	73.8	71.0

出所：図6-1に同じ。

も高いという市町村の数も増加傾向にあるといえる。特に町村レベルにおいては，学校債のウエイトが高まっているといえる。

学校債と一般補助施設債を発行しなかった町村

　ただし，こうした町村における団体数の傾向は，一部の町村がこれらの地方債を発行することで生じたものである。表6-2において非合併・非過疎市町村グループにおいて学校債と一般補助施設債を発行しなかった市町村の割合の推移を示した。この表から読み取ることができるように，市においては学校債については2～3割，一般補助施設債については3～4割，町村においては前者については6割，後者については7～8割が発行していなかった。つまり，市においてはこれらの地方債の発行額のウエイトの高まりとともに発行団体数の増加が見られるのであるが，町村においては発行団体数が徐々に増加しているものの，一部の町村がこれらの地方債を発行していたといえる。特に一般補助施設債でその傾向が強い。

　では，何ゆえにこうした差が生じていたのであろうか。ここで学校債に着目し，その要因を明らかにするために，その制度についてより詳しく見てみたい。

3 三位一体改革における国庫補助金の交付金化と学校債

学校債と学校交付金

　学校債は，後述する文部科学省所管の国庫補助負担金の交付金化に伴い，従来，義務教育施設整備事業債，一般単独事業債のうち一般事業債，臨時高等学校整備事業債の一部において対象としていた，幼稚園，小学校，中学校，高校および社会体育施設について，一括して対象とするために 2006 年度に創設された。この地方債は，義務教育諸学校の施設費の国庫負担等に関する法律に規定する施設に係る整備事業，安全・安心な学校づくり交付金（以下，学校交付金）を受けて実施する学校教育施設等に係る整備事業，これらのほか国庫補助を受けて実施する学校教育施設等に係る整備事業，単独事業として行う学校教育等の整備事業に充当される。

　これらの起債対象の中でも学校交付金は，2005 年 11 月の三位一体改革における政府・与党合意において，公立学校等施設整備費補助金などの一部が廃止され，新設されたものである[5]。2006 年度には 549 億円（公立文教施設整備費の 48.3%），2007 年度には 796 億円（同 67.5%），2008 年度には 836 億円（同 72.7%）が予算計上された[6]。それまでは公立学校などの施設整備は事業ごとに事業費の一定割合を国が補助・負担していたが，学校の設置者内で事業間の経費流用が可能となった。地方自治体はこの交付金を受けるため，文部科学大臣が作成する公立学校等の施設整備に関する指針である施設整備基本方針および交付金の交付に関連する事項等について定めた施設整備基本計画に即して，施設整備計画を作成することとなった。国は，この施設整備計画に基づく事業に充てるため，地方自治体に対して交付金を交付する。

　この交付金の補助裏に学校債は充当される。図 6-9 は耐震補強事業に関し

---

5) 学校交付金には廃止された社会体育施設整備費補助金も含まれているが，文部科学省提供資料によれば，その比率は 1% 程度と非常に低い。
6) 林編著（2007），p. 140 および池田編著（2008），p. 130. なお，2010 年度をもって学校交付金は廃止され，2011 年度から学校施設環境改善交付金となっている。

図6-9 学校交付金と起債措置

出所:文部科学省webサイトより引用。

表6-3 学校交付金が充てられる事業のうち上位三つの事業

(単位:億円)

	総額	地震補強	危険改築	大規模改造
2006年度	660	291	144	109
2007年度	1,396	404	423	257
2008年度	2,061	961	473	249

出所:文部科学省提供資料より作成。

て,制度の概要を示したものである。交付金の算定割合(補助率)は原則3分の1であるが,この図の例は地震防災対策特別措置法における倒壊の危険性の高い建物の補強であるため,特例の3分の2となっている[7]。

この図は制度の概要を示すために用いたのであるが,学校交付金が充てられた事業の中でも耐震補強事業に対するものの割合は高い。表6-3は市町村において学校交付金が充てられた事業のうち上位三つの事業について示したものである。この表から読み取ることができるように,「地震補強」が2006年度と2008年度において最も多く,2007年度においても全体の3割程度を占めている。また,特に2008年度においては前年度の2倍強に増加しており,非合併・非過疎市町村において2008年度にかけて学校債の発行額が増加した背景には,耐震補強事業の増加があったものと考えられる[8]。

---

7) 国庫補助として行われていた際の補助率は2分の1であった。

耐震補強事業増加の背景

　そして，耐震補強事業の増加要因として，中央政府の意図が存在したと考えられる。これを示すものとして，文部科学省による「公立学校施設耐震化推進計画」がある。2007年8月に出された学校施設整備指針策定に関する調査研究協力者会議の「公立学校施設耐震化推進計画について」によれば，「平成17年11月，『建築物の耐震改修の促進に関する法律』（平成7年法律第123号）が改正され，すべての都道府県において，学校施設の耐震化を含む都道府県耐震改修促進計画が策定されることとなっており，今後，市町村においても市町村耐震改修促進計画が策定されていくものと考えられる。一方，学校施設の耐震化には大きな経費が必要であり，今後は，耐震診断の結果を踏まえ，一定の目標を掲げて計画的に推進していくことが重要である」として，「円滑かつ効果的に公立学校施設の耐震化を推進するために，国として『公立学校耐震化推進計画』を策定し」ている。

　こうした計画が策定された背景には，2004年10月の新潟県中越地震，2007年3月の能登半島地震，同年7月の新潟県中越沖地震といった強い地震によって，校舎が半壊・大破するなどの大きな被害が出たことが挙げられる。

　この計画の期間は2008年度から2012年度までであり，「各学校設置者は，本計画を踏まえ，耐震診断の結果や『学校施設耐震化推進指針』（平成15年7月文部科学省）に定める緊急度ランクも考慮し，危険性が高いものから優先的に耐震化を図ることに留意しつつ，地域の実情に応じた具体的な学校施設の耐震化の目標や施策を定めた公立学校施設耐震化推進計画を策定する。また，耐震診断（第二次診断等）を実施し，結果を公表するとともに，耐震改修工事や質的整備等を計画的に実施する」とされた。

　さらに，学校施設の耐震化に対する国の緊急措置を大幅に拡充することを内容とした地震防災対策特別措置法改正法が国会で成立した後の2008年6

8）「危険改築」とは，老朽化により構造上危険な状態にある既存の建物を建て替えることをいう。また，「大規模改造」とは，一定の年数が経過することにより通常発生する学校建物の損耗，機能低下に対する復旧措置や建物の用途変更に伴う改装等を指すもので，具体的には，老朽化施設改造工事と教育内容・方法の多様化等に適合させるための内部改造工事がある。

月には，文部科学大臣名で「学校耐震化加速に関するお願い」が出され，表6-4のような支援措置が示された。支援措置には国庫補助率，起債充当率，交付税措置率の引き上げがあり，耐震補強事業については図6-9で図示される内容となった。この図からもわかるように，地方自治体が事業実施にあたって当面用意しなければならない一般財源は，事業費総額の3.3%にすぎなかった。

　先述の計画の期間についても，文部科学大臣が「学校耐震化加速に関するお願い」で「大規模地震により倒壊等の危険性の高い施設（Is値0.3未満）については，今後5年を目途に耐震化を図ることを政府の方針としておりますが，私はこれを更に加速し，5年を待たず出来るだけ早期に耐震化を図ることを提唱いたします。特段の事情がない限り，各市町村にも原則3年程度を目標に取り組んでいただきたい」として前倒しを宣言しており，中央政府の事業推進の強い意思が示された。

　ここまで見てきたように，事業費総額に占める一般財源（所要一般財源）の割合の低さと，中央政府からの短期間での事業実施の要請によって，耐震補強事業は増加したものと考えられる。

　また，表6-3において示した学校交付金が充てられた事業のうち「危険改築」についても，地震防災対策特別措置法改正法によって国庫補助率，起債充当率，交付税措置率の引き上げの対象となっている。したがって，「耐震補強」だけでなく，「危険改築」についても，増加の背景には中央政府の意図があったと考えられる[9]。

9）　青木（2004）は，校舎の新増築事業への補助率は2分の1であるのに対し，危険校舎の改築事業への補助率が3分の1であることによって，危険校舎の解消が進展しづらい「制度上の制約」が存在すると指摘している。しかし，他方で1985年度以降には国庫負担金事業において校舎新増築整備事業を抜いて危険校舎改築事業が予算額第1位の費目になったことも指摘している。「制度上の制約」が存在するのに，何ゆえにこうしたことが生じるのかについては説明されていないが，仮にこうした制約が存在したとしても，それは地震防災対策特別措置法改正法によって「危険改築」も国庫補助率，起債充当率，交付税措置率の引き上げの対象となったことで緩和されたといえる。市町村が危険改築事業の実施に必要な一般財源は，制度変更によって少なくなった。その結果，事業が実施しやすくなり，事業費も増加したと考えられる。

表 6-4 学校施設の耐震化に係る支援措置

市町村の財政負担軽減	1　国庫補助率の更なる嵩上げ （地震防災対策特別措置法の改正） 公立の小学校，中学校，幼稚園，中等教育学校の前期課程並びに特別支援学校の小学部，中学部及び幼稚部の Is 値 0.3 未満の校舎，体育館，寄宿舎について (1) 耐震補強（1/2 から 2/3） (2) 改築（1/3 から 1/2） 【注】嵩上げ対象となる改築は，コンクリート強度の問題等やむを得ない事情により，補強での対応を図れないものに限る 2　地方財政措置の拡充 国庫補助率の嵩上げ対象となった施設について (1) 起債充当率の拡充 　　75 パーセントから 90 パーセント（東海地区並の割合） (2) 地方債の元利償還金に対する地方交付税充当割合の拡充 　　50 パーセントから 66.7 パーセント（東海地区並の割合）
市町村の取組促進策	1　耐震診断の実施の義務づけと，耐震診断の結果（各施設ごとの Is 値等の耐震性能）の公表の義務づけ （地震防災対策特別措置法の改正） 2　耐震化促進のための人材の確保 都道府県による市町村への技術者のあっせん等を支援（関係省庁（国土交通省）との連携のもと既存の助成制度を活用） 3　公立学校の耐震化に特化した PFI マニュアルの作成，普及啓発 4　耐震化の補強設計等を請け負う設計者等の確保に向けた建築士の関係団体への要請 （関係省庁（国土交通省）との連携のもと協力を要請） 5　耐震化の実施に合わせた関連整備の促進 耐震化の際，天井の落下やガラスの飛散の防止，あるいは，エコ改修やバリアフリー化への対応，アスベスト対策などを，耐震化と同時に実施することについても配慮 6　耐震化の推進に向けた文部科学大臣及び国土交通大臣からの要請 学校施設の耐震化に向け，文部科学大臣及び国土交通大臣から，公立学校耐震化関係者（都道府県教育委員会及び都道府県建築指導部局並びに建築士団体）に耐震化への要請を行う，「キックオフ・ミーティング」を開催予定

出所：文部科学省 web サイトより引用。

学校債を発行しなかった市町村と学校交付金が交付された市町村の特徴

　さて，先に表6-2において，非合併・非過疎市町村の市については2～3割，町村については6割が学校債を発行していなかったことを確認したが，学校債を発行しなかった市町村にはどのような特徴があるのであろうか。表6-5は非合併・非過疎市町村における財政力指数段階別の学校債発行額の状況を示したものである。この表から次の特徴を読み取ることができる。第1に，市においては財政力が低くなっても学校債を発行した地方自治体の比率が高く，同じ財政力であっても，町村のほうが学校債を発行していなかった地方自治体の比率が高い。第2に，町村については学校債が発行されなかったところが多い。

　さらに，学校交付金は一部の財政力の高い市を中心に交付されていたといえる。表6-6は非合併・非過疎市町村における財政力指数段階別の学校交付金交付額の状況を示したものである。この表から次の特徴を読み取ることができる。第1に，財政力指数が0.5～0.6よりも低い場合には学校交付金が交付されなかった市のほうが多い。第2に，町村については学校交付金が交付されなかったところが多い。

　では，一部の財政力の高い市は学校施設の耐震化率が特に低かったために，学校交付金が交付されたのであろうか。表6-7は2006年度当初における財政力指数段階別の小中学校の耐震化率の平均値を示したものである[10]。ここから読み取ることができるように，市において財政力指数が低くなるほど耐震化率が低くなる傾向が見られるが，町村においてはそうした傾向が見られない。また，表6-6において示したデータとともに見てみれば，学校交付金の交付と耐震化率との間に明確な関係を読み取ることはできない。したがって，小中学校の耐震化率が特に低いために，財政力指数が0.5～0.6よりも高い市に学校交付金が交付されたとは必ずしもいえない。

---

10)　耐震化率の平均値は，全棟数に占める1982年以降の施設と1981年以前の建築棟で耐震性がある，およびすでに補強済みの棟数の割合を設置者（市町村）別に求め，それらを財政力指数段階別に平均したものである。

表6-5 非合併・非過疎市町村グループにおける財政力指数段階別の学校債発行額の状況

2006年度

	市 自治体総数	市 学校債なし 自治体数	市 学校債なし 割合（％）	町村 自治体総数	町村 学校債なし 自治体数	町村 学校債なし 割合（％）
1.1以上	40	8	20.0	39	22	56.4
1.0以上1.1未満	27	8	29.6	13	8	61.5
0.9 - 1.0	46	5	10.9	18	9	50.0
0.8 - 0.9	44	12	27.3	30	17	56.7
0.7 - 0.8	50	10	20.0	33	20	60.6
0.6 - 0.7	45	6	13.3	54	31	57.4
0.5 - 0.6	44	17	38.6	72	48	66.7
0.4 - 0.5	26	15	57.7	69	39	56.5
0.3 - 0.4	8	2	25.0	61	46	75.4
0.3未満	1	0	0.0	38	34	89.5
特別区	23	10	43.5	-	-	-
合計	354	93	26.3	427	274	64.2

2007年度

	市 自治体総数	市 学校債なし 自治体数	市 学校債なし 割合（％）	町村 自治体総数	町村 学校債なし 自治体数	町村 学校債なし 割合（％）
1.1以上	46	8	17.4	45	25	55.6
1.0以上1.1未満	33	4	12.1	11	4	36.4
0.9 - 1.0	39	10	25.6	17	9	52.9
0.8 - 0.9	47	11	23.4	29	15	51.7
0.7 - 0.8	57	7	12.3	38	21	55.3
0.6 - 0.7	35	7	20.0	57	31	54.4
0.5 - 0.6	44	14	31.8	67	38	56.7
0.4 - 0.5	25	8	32.0	65	41	63.1
0.3 - 0.4	4	2	50.0	61	44	72.1
0.3未満	1	0	0.0	37	31	83.8
特別区	23	9	39.1	-	-	-
合計	354	80	22.6	427	259	60.7

2008年度

	市 自治体総数	市 学校債なし 自治体数	市 学校債なし 割合（％）	町村 自治体総数	町村 学校債なし 自治体数	町村 学校債なし 割合（％）
1.1以上	47	6	12.8	45	31	68.9
1.0以上1.1未満	36	2	5.6	12	5	41.7
0.9 - 1.0	43	4	9.3	18	9	50.0
0.8 - 0.9	51	8	15.7	29	9	31.0
0.7 - 0.8	53	6	11.3	43	19	44.2
0.6 - 0.7	35	8	22.9	60	36	60.0
0.5 - 0.6	39	11	28.2	61	35	57.4
0.4 - 0.5	21	7	33.3	64	38	59.4
0.3 - 0.4	5	4	80.0	56	40	71.4
0.3未満	1	0	0.0	39	31	79.5
特別区	23	14	60.9	-	-	-
合計	354	70	19.8	427	253	59.3

出所：図6-1に同じ。

表 6-6　非合併・非過疎市町村グループにおける財政力指数段階別の学校交付金交付額の状況

2006 年度

	市			町村		
	自治体総数	学校交付金なし		自治体総数	学校交付金なし	
		自治体数	割合（％）		自治体数	割合（％）
1.1 以上	40	8	20.0	39	27	69.2
1.0 以上 1.1 未満	27	4	14.8	13	9	69.2
0.9 − 1.0	46	16	34.8	18	11	61.1
0.8 − 0.9	44	18	40.9	30	16	53.3
0.7 − 0.8	50	22	44.0	33	23	69.7
0.6 − 0.7	45	21	46.7	54	37	68.5
0.5 − 0.6	44	27	61.4	72	55	76.4
0.4 − 0.5	26	20	76.9	69	49	71.0
0.3 − 0.4	8	7	87.5	61	48	78.7
0.3 未満	1	1	100.0	38	36	94.7
特別区	23	8	34.8	−	−	−
合計	354	152	42.9	427	311	72.8

2007 年度

	自治体総数	自治体数	割合（％）	自治体総数	自治体数	割合（％）
1.1 以上	46	3	6.5	45	18	40.0
1.0 以上 1.1 未満	33	2	6.1	11	5	45.5
0.9 − 1.0	39	9	23.1	17	9	52.9
0.8 − 0.9	47	9	19.1	29	17	58.6
0.7 − 0.8	57	8	14.0	38	24	63.2
0.6 − 0.7	35	9	25.7	57	36	63.2
0.5 − 0.6	44	23	52.3	67	34	50.7
0.4 − 0.5	25	17	68.0	65	48	73.8
0.3 − 0.4	4	3	75.0	61	50	82.0
0.3 未満	1	1	100.0	37	31	83.8
特別区	23	1	4.3	−	−	−
合計	354	85	24.0	427	272	63.7

2008 年度

	自治体総数	自治体数	割合（％）	自治体総数	自治体数	割合（％）
1.1 以上	47	2	4.3	45	25	55.6
1.0 以上 1.1 未満	36	3	8.3	12	4	33.3
0.9 − 1.0	43	4	9.3	18	11	61.1
0.8 − 0.9	51	7	13.7	29	15	51.7
0.7 − 0.8	53	10	18.9	43	18	41.9
0.6 − 0.7	35	10	28.6	60	39	65.0
0.5 − 0.6	39	17	43.6	61	33	54.1
0.4 − 0.5	21	11	52.4	64	36	56.3
0.3 − 0.4	5	4	80.0	56	35	62.5
0.3 未満	1	1	100.0	39	32	82.1
特別区	23	2	8.7	−	−	−
合計	354	71	20.1	427	248	58.1

出所：表 6-3 に同じ。

表 6-7 非合併・非過疎市町村グループにおける財政力指数段階別の小中学校における耐震化率の状況（2006 年度）

	市		町村	
	自治体数	耐震化率（%）	自治体数	耐震化率（%）
1.1 以上	40	64.1	39	70.5
1.0 以上 1.1 未満	27	61.8	13	67.6
0.9 − 1.0	46	49.5	18	52.1
0.8 − 0.9	44	47.5	30	60.6
0.7 − 0.8	50	50.6	33	69.8
0.6 − 0.7	45	48.0	54	60.8
0.5 − 0.6	44	47.4	72	54.8
0.4 − 0.5	26	44.8	69	57.7
0.3 − 0.4	8	40.9	61	57.1
0.3 未満	1	40.5	38	61.6
特別区	23	73.1	−	−
合計	354	51.1	427	60.2

出所：「公立学校施設の耐震改修状況調査について」より作成。

　以上から，次のことがいえる。第 1 に，財政力指数が 0.5 〜 0.6 よりも高い都市は学校交付金が交付されて学校債を発行したというところが多い。第 2 に，財政力指数が 0.5 〜 0.6 以下の都市は，財政力指数が 0.5 〜 0.6 よりも高い都市に比べて学校交付金が交付されなかったところの比率が高いものの，学校債は発行しなかったところの比率は低い。したがって，財政力指数が 0.5 〜 0.6 以下の都市においては，学校交付金以外の国庫補助を受けて行う補助事業や，学校教育等の整備のための単独事業に学校債が充当されたものと考えられる。このように，非合併・非過疎市町村において全体として学校債の発行額が増加傾向にあったことの背景には，こうした動きが存在したのである。

おわりに

　本章においては 2000 年代における投資的経費の分析を行った。得られた知見は次の通りである。

非合併・非過疎市町村においては2000年代後半以降，投資的経費総額が減少する中で，臨道債などの交付税措置が講じられる地方債を活用した単独事業から，特に財政力の高い市において交付金と地方債とを活用した補助事業に，その中心が変化しつつあったことが明らかになった。発行額が最も大きかった臨道債は減少し，それに代わって発行額が最も大きくなったのは，三位一体改革の中で創設された学校交付金の裏負担に充当される学校債であった。その背景には，学校交付金が充てられる耐震補強事業の実施に必要な所要一般財源の少なさと，中央政府からの要請があった。非合併・非過疎市町村においては，1990年代にさかんに行われた交付税措置が講じられる地方債を活用した単独事業とは異なる事業が行われていたのである。

　こうした一連の過程は，第4章の分析結果も踏まえれば，次のようにまとめることができる。すなわち，1990年代を中心に行われた中央政府による単独事業の誘導は，公債費の増加という形で地方自治体の財政硬直化を生じさせ，地方交付税総額の減少も相まって，地方自治体の事業実施に必要な一般財源を減少させ，投資余力を低下させた。その結果，一般財源の範囲内で裁量的行動が可能である地方自治体は，所要一般財源の負担のより少ない耐震補強事業を選択したものと考えられる。これは，中央政府による事業誘導の累積的過程が一般財源を介して，地方自治体の裁量的行動に影響を与えた動態的過程であるといえる。

第 7 章

「平成の大合併」における市町村合併要因

はじめに

　本章においては市町村合併の要因を明らかにする。中でも一般財源の動向が市町村合併に与えた影響について検証する。後述するように，基準財政需要額算定に用いられる段階補正の見直しが小規模町村を合併に追い込んだという主張があるが，こうした制度変更が市町村合併の要因となったのかは実証的には必ずしも明らかにされていない。そこで，サバイバル分析によって市町村合併の要因を分析する。

　市町村合併の要因については，青木（2006），町田（2006），広田（2007），梶田（2008），宮崎（2010），中澤・宮下（2016）などが分析を行っている。特に地方交付税の影響については，青木（2006），町田（2006）は1998～2001年度における第一次段階補正見直しや2001年度の地方交付税の削減，2002～2004年度における第二次段階補正見直しが小規模町村を市町村合併に追い込んだと論じている。また，広田（2007）は段階補正見直しなど1990年代末からの地方交付税の動向について言及してはいないが，ロジット分析によって交付税比率や経常収支比率が高い市町村が法定協議会を設置し，最終的に合併したことを明らかにしている。これに対して，宮崎（2010）はパネルデータ線形確率モデルで2002～2004年度の第二次段階補正見直しが市町村の合併協議会・法定協議会への設置確率を高めたことを明らかにしてい

る。さらに，中澤・宮下（2016）は市と町村とに分けてロジット分析やサバイバル分析を行っている。分析の結果，市については経常収支比率が低く，公債費比率が高い市が合併を行う確率が高く，タイミングも早いが，町村については経常収支比率や公債費比率が高い町村が合併を行う確率が高いとしている。交付税比率の高さは，市で有意でなく，町村では最終的に合併の確率を高めることになるものの，そのタイミングを遅らせると解釈している。

　このように，地方交付税が市町村合併に与えた影響は先行研究でも結論が分かれており，異なる見方が存在している。そこで，本章においては，その影響について明らかにするものである。

　本章の構成は次の通りである。1 においては本章で採用するサバイバル分析について説明する。2 においては推定結果を示す。3 においては 2000 年代前半の一般財源の動向を示し，先の推定結果とあわせて市町村合併の要因について検討する。本章の分析を通じて，中央政府は市町村に付与する一般財源を減少させることによって，市町村の裁量の余地を小さくし，市町村合併という特定の政策へと誘導を行った可能性が示される。

1　分析手法

　市町村合併の要因を明らかにするため，離散時間ハザードモデルを用いてサバイバル分析を行う。伊藤（2002）が述べているように，この分析手法は新政策がある時点で採用されたかどうかを被説明変数とし，採用者の属性，時間，環境などに関する変数で説明していくものであり，中澤・宮下（2016）においてもこの手法が用いられている。そこでも指摘されているように，イベントの条件付き発生確率を求める離散時間ロジット分析は，複数年度にわたる合併の要因分析には妥当であろう。

　分析にあたって，旧合併特例法改正の 1999 年度から適用期限の 2005 年度までを対象とし，合併が成立した年度を 1 とするダミー変数を作成し，合併に影響を与えると考えられる諸変数を並べ，パーソン・ピリオド・データを構築する。変数としては，人口，面積，高齢化率，歳入総額に占める普通交

付税の割合，経常収支比率，フローの財政指標として公債費負担比率，ストックの財政指標として一般財源に対する市町村債残高の比率，公営企業債のうち水道事業・下水道事業・病院事業・観光事業の比率[1]，積立金の比率を採用している。なお，法定協議会の設置から合併の成立まで平均で2年程度を要していることから[2]，2年度前の変数を用いている。

2　推定結果

サバイバル分析の結果

データの出所は表7-1，推定に用いた変数の記述統計量は表7-2，推定結果は表7-3および表7-4に示す通りである。表7-3において市町村全体，表7-4において中澤・宮下（2016）と同様に市と町村とに分けたものを示している。離散時間ロジットモデルでは基底ハザードを推定する必要がある。ここでは旧合併特例法改正の1999年度からの経過年数およびその2乗項，年

表7-1　データ出所

変数	出所
合併市町村と合併実施年度	総務省webサイト「市町村合併資料集」
人口（人），高齢化率（%）	『住民基本台帳に基づく人口，人口動態及び世帯数調査（各年版）』
面積	『全国都道府県市区町村別面積調（各年版）』
経常収支比率（%）	『市町村別決算状況調（各年度版）』
公債費負担比率（%）	
歳入総額（千円）	
普通交付税（千円）	
一般財源（地方税＋地方消費税交付金＋地方譲与税＋地方交付税＋地方特例交付金）	
積立金残高（千円）	
市町村債残高（千円）	『地方財政状況調査（各年度版）』
公営企業債残高（千円）	総務省に対する情報公開請求によって得られたデータ

---

1)　法適用企業と法非適用企業とを合わせた額である。
2)　上村・鷲見（2003），宮崎（2006），中澤・宮下（2016）においても指摘されている。

表 7-2 記述統計量

		サンプル数	平均値	標準偏差	最小値	最大値
人口	全体	21,454	37,037.62	125,239.90	193	3,495,117
	市	4,523	135,192.70	248,819.80	5,666	3,495,117
	町村	16,931	10,816.16	8,798.86	193	57,957
面積	全体	21,454	116.13	137.70	1.27	1,408.32
	市	4,523	156.13	157.96	5.10	1,231.34
	町村	16,931	105.44	129.70	1.27	1,408.32
高齢化率	全体	21,454	23.95	7.12	6.62	52.30
	市	4,523	18.58	4.91	6.62	38.67
	町村	16,931	25.39	6.94	8.21	52.30
普通交付税／歳入	全体	21,454	30.18	13.50	0.00	70.47
	市	4,523	15.71	10.12	0.00	42.80
	町村	16,931	34.05	11.52	0.00	70.47
経常収支比率	全体	21,454	82.71	7.43	35.00	142.50
	市	4,523	85.87	7.17	50.40	116.70
	町村	16,931	81.87	7.27	35.00	142.50
公債費負担比率	全体	21,454	17.06	5.80	0.90	49.10
	市	4,523	15.36	3.86	4.80	34.40
	町村	16,931	17.51	6.14	0.90	49.10
市町村債残高／一般財源	全体	21,454	1.74	0.57	0.06	6.12
	市	4,523	1.69	0.50	0.44	5.10
	町村	16,931	1.75	0.59	0.06	6.12
公営企業債残高／一般財源	全体	21,454	0.98	2.89	0.00	412.14
	市	4,523	1.30	0.59	0.00	3.73
	町村	16,931	0.89	3.23	0.00	412.14
積立金残高／一般財源	全体	21,454	0.50	0.37	0.00	5.90
	市	4,523	0.29	0.17	0.00	1.45
	町村	16,931	0.55	0.39	0.00	5.90

度ダミー変数を用いて基底ハザード（時間効果）の推定を行った。

　市町村全体のデータを用いた推定結果を示した表7-3から次のことを読み取ることができる。AICが低い年度ダミー変数を用いた推定結果を見ると，高齢化率，歳入に占める普通交付税の割合，一般財源に対する市町村債残高の比率は，それらが増加するほど合併を行う確率は有意に高くなる。逆に面積，経常収支比率，公債費負担比率，積立金残高は増加するほど合併を行う

第7章 「平成の大合併」における市町村合併要因

表 7-3　推定結果（1）（市町村全体）

	係数	z値	係数	z値	係数	z値
時間	1.500	44.99***				
時間（2乗）			0.161	56.47***		
2001年度ダミー					1.219	1.94*
2002年度ダミー					2.038	3.66***
2003年度ダミー					3.932	7.69***
2004年度ダミー					6.324	12.52***
2005年度ダミー					7.216	14.23***
人口	0.000	−0.10	0.000	−0.09	0.000	0.02
面積	−0.003	−10.35***	−0.003	−10.35***	−0.003	−10.37***
高齢化率	0.064	10.43***	0.066	10.65***	0.063	10.35***
普通交付税／歳入総額	0.014	3.88***	0.014	3.87***	0.013	3.87***
経常収支比率	−0.004	−0.77	0.000	−0.06	−0.009	−1.98**
公債費負担比率	−0.033	−3.81***	−0.032	−3.58***	−0.036	−4.21***
市町村債残高／一般財源	0.308	4.27***	0.287	3.88***	0.344	4.90***
公営企業債残高／一般財源	0.004	1.04	0.004	1.15	0.005	1.35
積立金残高／一般財源	−0.464	−5.33***	−0.464	−5.16***	−0.468	−5.58***
定数項	−10.087	−24.15***	−7.132	−17.60***	−8.030	−13.11***
観測数			21,454			
Log pseudo-likelihood	−3881.888		−3957.159		−3806.684	
AIC	7785.776		7936.318		7643.368	

注：***は1％，**は5％，*は10％水準で統計的に有意であることを示す。

確率は有意に低くなる。

　次に市と町村とに分けて推定を行った結果を示した表7-4からは次のことを読み取ることができる。AICが低い年度ダミー変数を用いた推定結果を見ると，高齢化率が高いほど合併を行う確率は有意に高くなる。人口と面積については，町村において，それらが増加すると合併を行う確率は有意に低くなる。市においては，有意ではなかった。

　財政関連の変数については，町村において公債費負担比率が高いほど合併を行う確率は有意に低くなっている。市町村債にかかるフローの指標から見れば，市町村債の元利償還が合併する確率を低くする要因となっている。これに対して，市町村債残高については，町村だけでなく，市においても有意に正の値となっている。したがって，ストックの指標から見れば，市町村債

141

表 7-4 推定結果（1）（市および町村）

市

	係数	z値	係数	z値	係数	z値
時間	1.264	14.93***				
時間（2乗）			0.140	20.30***		
2001年度ダミー					0.835	1.09
2002年度ダミー					0.461	0.56
2003年度ダミー					1.756	2.68***
2004年度ダミー					4.306	7.22***
2005年度ダミー					5.147	8.60***
人口	0.000	−0.81	0.000	−0.74	0.000	−0.65
面積	0.000	−0.08	0.000	−0.09	0.000	−0.23
高齢化率	0.109	5.24***	0.113	5.30***	0.109	5.27***
普通交付税／歳入総額	−0.012	−1.07	−0.013	−1.09	−0.010	−0.89
経常収支比率	−0.058	−5.08***	−0.058	−5.03***	−0.065	−5.73***
公債費負担比率	−0.005	−0.15	−0.003	−0.09	−0.003	−0.11
市町村債残高／一般財源	0.365	1.66*	0.346	1.53	0.357	1.63
公営企業債残高／一般財源	0.137	1.32	0.150	1.40	0.124	1.21
積立金残高／一般財源	−0.381	−0.99	−0.375	−0.95	−0.413	−1.06
定数項	−5.895	−6.26***	−3.346	−3.50***	−2.964	−2.86***
観測数			4,523			
Log pseudo-likelihood		−723.807		−727.286		−708.828
AIC		1469.613		1476.572		1447.656

　が合併する確率を高くする要因となっている[3]。また，一般財源に対する積立金残高の比率は町村においてのみ有意に低くなっている。これについては先行研究において十分に議論されてこなかったが，資金的な備えのある町村ほど合併を行わなかったといえる。

　さらに，市において経常収支比率が高いほど合併を行う確率は有意に低くなっており，財政が硬直的である市ほど合併を行わないことを示している。

---

[3] 中澤・宮下（2016）は，逆に合併が地方債発行に与える影響について分析を行い，合併を予定している自治体は地方債発行を増加させており，合併後の人口規模が相対的に小さいところほどそのような傾向が見られると結論づけている。

表 7-4 （続き）

町村

	係数	z 値	係数	z 値	係数	z 値
時間	1.577	43.31***				
時間（2乗）			0.168	52.56***		
2001年度ダミー					1.757	1.52
2002年度ダミー					3.253	3.14***
2003年度ダミー					5.222	5.19***
2004年度ダミー					7.590	7.57***
2005年度ダミー					8.543	8.51***
人口	0.000	−5.01***	0.000	−4.87***	0.000	−4.97***
面積	−0.004	−11.02***	−0.004	−11.01***	−0.004	−10.99***
高齢化率	0.046	6.30***	0.048	6.50***	0.046	6.33***
普通交付税／歳入総額	0.006	1.30	0.006	1.28	0.006	1.30
経常収支比率	0.011	1.95*	0.016	2.62***	0.005	0.97
公債費負担比率	−0.026	−2.77***	−0.025	−2.57***	−0.029	−3.21***
市町村債残高／一般財源	0.165	2.05**	0.142	1.71*	0.215	2.78***
公営企業債残高／一般財源	0.004	1.15	0.004	1.26	0.005	1.40
積立金残高／一般財源	−0.634	−6.21***	−0.639	−6.04***	−0.619	−6.42***
定数項	−10.360	−19.52***	−7.250	−13.93***	−9.229	−8.32***
観測数			16,931			
Log pseudo-likelihood	−3074.912		−3143.556		−3016.597	
AIC	6171.824		6309.111		6063.195	

注：***は1％，**は5％，*は10％水準で統計的に有意であることを示す．

都道府県の影響を考慮したマルチレベルサバイバル分析

ここまで都道府県の影響を特に考慮せずに分析を行ってきたが，川手他（2013）などが明らかにしているように，都道府県が市町村合併に影響を与えていることから，都道府県をグループとしてマルチレベルサバイバル分析を行う．市町村合併における都道府県の役割については，自治省による「市町村の合併の推進についての指針」から総務省による「自主的な市町村の合併を推進するための基本的な指針」まで複数回にわたって中央政府の期待が示されている．

たとえば，最初の指針では「都道府県は，（中略）市町村合併を自らの問題と捉えたうえで，積極的に働きかけ，市町村の取組を促すことが期待され

る」とし，都道府県に対して市町村合併支援の基本方針とするべき「市町村の合併の推進についての要綱」を2000年中のできるだけ早い時期に策定するよう求めている。「要綱」の内容には，「市町村の合併のパターン」など五つの事項を盛り込むことが適当であるとされ，これを受けて多くの都道府県において合併パターンが作成された。その後に示された指針でも都道府県が指定する重点支援地域に対する支援，都道府県による支援策の充実など，中央政府が期待する都道府県の役割が示されている。このように，合併パターンの提示や支援策によって都道府県は市町村合併に影響を与えており，その影響について考慮する必要がある。

さて，マルチレベル分析とは，2段階以上のサンプリングによって入れ子構造になった階層的データの分析である。入れ子構造とは，あるグループの主体はそのグループのみに所属し，別のグループに所属していないような状態を指している。ここでいえば，ある市町村はAという県のみに所属し，Bという県には所属していない状態を階層的データとして扱う。なお，推定においては切片のみ変量効果を仮定する。

マルチレベルサバイバル分析の結果

表7-5において市町村全体，表7-6において市と町村とに分けた推定結果を示している。表7-3および表7-4と比較して，全般的にAICは低くなっており，都道府県の影響を考慮して推定を行ったほうが望ましいことを示している。

市町村全体のデータを用いた推定結果を示した表7-5からは次のことを読み取ることができる。AICが低い年度ダミー変数を用いた推定結果を見ると，高齢化率，歳入に占める普通交付税の割合，一般財源に対する市町村債残高の比率は，それらが増加するほど合併を行う確率は有意に高くなる。逆に面積，公債費負担比率，一般財源に対する積立金残高の比率が増加するほど合併を行う確率は有意に低くなる。なお，表7-3において示した結果とは異なり，経常収支比率の項の係数は有意でない。

市と町村とに分けて推定を行った結果を示した表7-6からは次のことを読

表 7-5 推定結果（2）（市町村全体）

	係数	z 値	係数	z 値	係数	z 値
時間	1.821	40.89***				
時間（2 乗）			0.195	46.06***		
2001 年度ダミー					1.255	2.00**
2002 年度ダミー					2.067	3.71***
2003 年度ダミー					4.012	7.86***
2004 年度ダミー					6.648	13.17***
2005 年度ダミー					7.986	15.74***
人口	0.000	0.26	0.000	0.31	0.000	0.33
面積	−0.001	−4.16***	−0.001	−4.20***	−0.001	−4.18***
高齢化率	0.023	3.24***	0.023	3.29***	0.024	3.43***
普通交付税／歳入総額	0.024	5.85***	0.025	5.95***	0.024	5.90***
経常収支比率	0.010	1.73*	0.016	2.62***	0.003	0.49
公債費負担比率	−0.028	−2.99***	−0.027	−2.92***	−0.029	−3.10***
市町村債残高／一般財源	0.377	4.56***	0.358	4.30***	0.403	4.86***
公営企業債残高／一般財源	−0.003	−0.28	−0.002	−0.23	−0.002	−0.19
積立金残高／一般財源	−0.362	−3.75***	−0.353	−3.63***	−0.380	−3.93***
定数項	−12.739	−23.61***	−9.167	−17.75***	−9.390	−13.38***
観測数			21,454			
グループ数			47			
Log likelihood	−3525.740		−3578.601		−3477.956	
AIC	7075.481		7181.203		6987.913	

注：***は 1 ％，**は 5 ％，*は 10％水準で統計的に有意であることを示す。

み取ることができる。AIC が低い年度ダミー変数を用いた推定結果を見ると，表 7-4 において示した結果とは異なり，市においてのみ高齢化率が高いほど合併を行う確率は有意に高くなる。市町村合併における都道府県の影響を考慮した場合，町村においては高齢化率の項の係数が有意ではなくなる。人口と面積については，町村のみにおいて，それらが増加すると合併を行う確率は有意に低くなる。これは表 7-4 に示した結果と同様である。

　財政関連の変数については，表 7-4 において示した結果と同様に，市においては経常収支比率が高いほど合併を行う確率が有意に低くなる。他方，町村においては，表 7-4 において示した結果と異なり，都道府県の影響を考慮した場合のみ有意に高くなる。また，市と町村ともに一般財源に対する市町

表 7-6　推定結果（2）（市および町村）

市

	係数	z 値	係数	z 値	係数	z 値
時間	1.520	15.70***				
時間（2乗）			0.170	17.71***		
2001年度ダミー					0.912	1.18
2002年度ダミー					0.539	0.65
2003年度ダミー					1.890	2.86***
2004年度ダミー					4.663	7.77***
2005年度ダミー					5.913	9.72***
人口	0.000	−0.31	0.000	−0.24	0.000	−0.17
面積	0.000	0.33	0.000	0.33	0.000	0.17
高齢化率	0.063	2.27**	0.065	2.28**	0.067	2.36**
普通交付税／歳入総額	−0.016	−1.11	−0.016	−1.12	−0.013	−0.94
経常収支比率	−0.046	−2.91***	−0.046	−2.82***	−0.058	−3.55***
公債費負担比率	−0.041	−1.13	−0.041	−1.12	−0.039	−1.06
市町村債残高／一般財源	0.486	1.85*	0.465	1.74*	0.471	1.77*
公営企業債残高／一般財源	0.232	1.63	0.250	1.73*	0.225	1.56
積立金残高／一般財源	−0.574	−1.16	−0.569	−1.13	−0.631	−1.25
定数項	−7.003	−5.19***	−3.952	−2.91***	−2.901	−1.96**
観測数			4,523			
グループ数			47			
Log likelihood		−678.875		−678.254		−664.554
AIC		1381.750		1380.507		1361.108

村債残高の比率が高くなるほど合併を行う確率は有意に高くなる。さらに，町村においては積立金残高の比率が高くなるほど合併を行う確率は有意に低くなる。都道府県の影響力を考慮しても，町村おいて特にストック指標が合併の確率の影響を与えているといえる。

　公債費負担比率の項の係数は，市においては表7-4において示した結果と同様に，有意ではなかったが，町村においては有意な負の値であった。市町村債に係るフローの指標から見れば，市町村債の元利償還が合併を阻害する要因となっているといえる。さらに，歳入に占める普通交付税の割合の項の係数は，表7-4において示した結果と同様に市においては有意ではなかったが，町村においては表7-4において示した結果とは異なり，有意な正の値で

表 7-6 （続き）

町村

	係数	z値	係数	z値	係数	z値
時間	1.939	37.15***				
時間（2乗）			0.206	41.66***		
2001年度ダミー					1.795	1.55
2002年度ダミー					3.285	3.17***
2003年度ダミー					5.321	5.29***
2004年度ダミー					7.979	7.95***
2005年度ダミー					9.405	9.36***
人口	0.000	−6.00***	0.000	−5.93***	0.000	−5.91***
面積	−0.002	−4.68***	−0.002	−4.75***	−0.002	−4.67***
高齢化率	0.004	0.48	0.005	0.58	0.005	0.65
普通交付税／歳入総額	0.018	3.51***	0.018	3.55***	0.018	3.54***
経常収支比率	0.019	2.83***	0.025	3.71***	0.012	1.75*
公債費負担比率	−0.017	−1.77*	−0.017	−1.71*	−0.019	−1.94*
市町村債残高／一般財源	0.256	2.83***	0.237	2.60***	0.292	3.23***
公営企業債残高／一般財源	−0.003	−0.24	0.002	−0.19	−0.002	−0.18
積立金残高／一般財源	−0.578	−5.31***	−0.572	−5.21***	−0.583	−5.39***
定数項	−12.701	−19.60***	−8.861	−14.27***	−10.132	−8.72***
観測数			16,931			
グループ数			47			
Log likelihood	−2800.242		−2852.101		−2765.997	
AIC	5624.484		5728.201		5563.993	

注：***は1％，**は5％，*は10％水準で統計的に有意であることを示す。

あった。

　先述の通り，広田（2007）は交付税比率や経常収支比率が高い市町村が法定協議会を設置し，最終的に合併したことを明らかにしているが，これは特に町村に当てはまるといえる。こうした結果は，財政的に厳しく，交付税に財政運営を依存していた町村が交付税の削減によって合併に追い込まれたという主張と整合的である[4]。

4）　ただし，1998年度以降の第一次段階補正の見直し，2002年度以降の第二次段階補正の見直し，あるいは交付税総額の削減によって合併に追い込まれたのかは推定結果からは明らかではない。

147

3 一般財源の動向

タイル尺度による一般財源の分析

そこで，次に 2000 年代前半における市町村の一般財源の動向をタイル尺度によって明らかにしておきたい。拙稿（2016）において，一般財源を「地方税＋地方消費税交付金＋地方譲与税＋普通交付税＋特別交付税＋地方特例交付金」として 2000 年以降におけるそのタイル尺度を算出したが，市町村合併への影響との関わりで 2003 年度までの結果を確認しておきたい。表 7-7 は 2000～2003 年度における一般財源のタイル尺度を示したものである。この表から読み取ることができるように，一般財源の市町村間格差は増加傾向にある。

では，こうした傾向は何によって生じたものであろうか。そこで，一般財源を先述の構成要素へと分解し，タイル尺度を算出した。表 7-8 は全国の市町村の一般財源についてタイル尺度の寄与度分解を行った結果をまとめたものである。この表から読み取ることができるように，地方税のウエイトが上昇することによって寄与度が増加する一方で，普通交付税のウエイトが低下する中で準タイル尺度が 2001 年度以降増加し，寄与度が増加している。これらの要因によって一般財源の市町村間格差は増大している。

さらに，表 7-9 において，普通交付税を基準財政需要額と基準財政収入額という構成要素に分解し[5]，タイル尺度を算出した結果を示した。この表から，基準財政需要額のウエイトが低下する一方で，準タイル尺度が上昇し，寄与度が増加していることを読み取ることができる。

表 7-7　2000 年代における市町村の一般財源のタイル尺度

	2000 年度	2001 年度	2002 年度	2003 年度
タイル尺度	1.1254	1.1450	1.1596	1.1730

出所：拙稿（2016）より作成。

5）　基準財政需要額と基準財政収入額は，一本算定の額を用いている。

148

第7章 「平成の大合併」における市町村合併要因

表7-8　全国市町村の一般財源のタイル尺度の分解

年度	地方税 ウエイト	準タイル尺度	寄与度	地方消費税交付金 ウエイト	準タイル尺度	寄与度
2000	0.5865	1.6338	0.9582	0.0387	1.3969	0.0541
2001	0.6022	1.6393	0.9871	0.0385	1.4058	0.0542
2002	0.6122	1.6360	1.0016	0.0351	1.4069	0.0494
2003	0.6155	1.6307	1.0037	0.0408	1.3926	0.0569

年度	地方譲与税 ウエイト	準タイル尺度	寄与度	普通交付税 ウエイト	準タイル尺度	寄与度
2000	0.0160	0.8386	0.0134	0.3014	0.2234	0.0673
2001	0.0165	0.8443	0.0139	0.2862	0.1975	0.0565
2002	0.0172	0.8419	0.0145	0.2781	0.2149	0.0598
2003	0.0188	0.8258	0.0155	0.2683	0.2397	0.0643

年度	特別交付税 ウエイト	準タイル尺度	寄与度	地方特例交付金 ウエイト	準タイル尺度	寄与度
2000	0.0371	−0.0310	−0.0011	0.0203	1.6521	0.0335
2001	0.0357	−0.0445	−0.0016	0.0209	1.6629	0.0348
2002	0.0358	−0.0494	−0.0018	0.0216	1.6741	0.0361
2003	0.0346	−0.1308	−0.0045	0.0220	1.6888	0.0371

出所：拙稿（2016）より作成。

表7-9　普通交付税を構成要素に分解したタイル尺度

年度	基準財政需要額 ウエイト	準タイル尺度	寄与度	基準財政収入額 ウエイト	準タイル尺度	寄与度
2000	0.7928	1.0571	0.8380	0.4971	1.5622	0.7765
2001	0.7943	1.0719	0.8514	0.5152	1.5584	0.8029
2002	0.7893	1.0868	0.8578	0.5204	1.5540	0.8087
2003	0.7732	1.1045	0.8541	0.5154	1.5547	0.8013

年度	合併算定替 ウエイト	準タイル尺度	寄与度	収入額が需要額を上回る額 ウエイト	準タイル尺度	寄与度
2000	0.0002	0.7776	0.0002	0.0055	1.0307	0.0057
2001	0.0003	2.4190	0.0006	0.0069	1.0754	0.0074
2002	0.0004	1.6445	0.0006	0.0089	1.1350	0.0101
2003	0.0007	0.4720	0.0003	0.0098	1.1466	0.0112

出所：拙稿（2016）より作成。

交付税算定における制度変更と小規模町村

　交付税算定に関しては，2000年代の前半には，補正係数の単位費用化（1999～2001年度），補正係数の削減，段階補正の見直し，事業費補正の見直し（2002年度）が行われ，臨時財政対策債（以下，臨財債）が大きな役割を果たすこととなった。ここまで見てきたタイル尺度の変化から，普通交付税は2000年度から2003年度にかけて一般財源の市町村間格差を是正する方向に機能していなかったことが明らかになった。先述の通り，基準財政需要額算定における制度変更は，少なくとも財政調整機能を強化するものとはなっていなかったといえる[6]。

　そのうえ，地方交付税額も減少しており，人口3,000人未満の町村においてその減少率が高くなっている。いわゆる「地財ショック」による地方交付税額の減少が市町村財政に与えた影響は非常に大きかったことはよく知られるところであるが，それ以前の2003年度と基準財政需要額算定における制度変更が行われる前の1998年度の普通交付税額を比較した場合でも，人口3,000人未満の町村における減少率は高かった。その変化率は−22.2％であったのに対し，人口3,000人以上の市町村では−13.1％，人口1万人以上では−8.6％，人口10万人以上では40.4％となっており[7]，人口規模別の変化率の差は大きく，人口の多いところほど普通交付税の配分は有利なものとなっていた。

　そこで，先に行ったマルチレベルサバイバル分析について，人口3,000人未満を1とするダミー変数を作成し，歳入に占める普通交付税の割合との交差項を作成して，改めて町村レベルの推定を行ってみたい。あわせて一般財源に対する地方債残高や公営企業債残高の比率についても交差項を作成して推定を行う。表7-10はその結果を示したものである。AICが低い年度ダ

---

[6]　拙稿（2016）においては，基準財政需要額の内訳を得ることができた4府県内市町村のデータを用いて分析を行い，基準財政需要額を臨時財政対策債に振り替えることによってタイル尺度が低下することを明らかにしているが，これが普通交付税の「財政調整機能」といえるのかどうかは評価が分かれるところであろう。

[7]　変化率は『平成10年度市町村別決算状況調』および『平成15年度市町村別決算状況調』から算出した。

第 7 章　「平成の大合併」における市町村合併要因

表 7-10　推定結果（３）（町村）

	係数	z 値	係数	z 値	係数	z 値
時間	1.938	36.97***				
時間（2 乗）			0.205	41.41***		
2001 年度ダミー					1.803	1.56
2002 年度ダミー					3.288	3.17***
2003 年度ダミー					5.331	5.30***
2004 年度ダミー					7.997	7.97***
2005 年度ダミー					9.414	9.36***
人口	0.000	−6.01***	0.000	−5.93***	0.000	−5.94***
面積	−0.002	−4.60***	−0.002	−4.69***	−0.002	−4.55***
高齢化率	0.004	0.43	0.005	0.58	0.005	0.53
普通交付税／歳入総額	0.016	3.16***	0.017	3.23***	0.016	3.13***
交付税×人口 3,000 人未満	0.010	1.27	0.007	0.90	0.014	1.77*
経常収支比率	0.019	2.79***	0.025	3.69***	0.012	1.69*
公債費負担比率	−0.018	−1.82*	−0.017	−1.71*	−0.021	−2.04**
市町村債残高／一般財源	0.300	3.12***	0.272	2.81***	0.351	3.65***
市町村債×人口 3,000 人未満	−0.163	−1.35	−0.132	−1.09	−0.216	−1.76*
公営企業債残高／一般財源	−0.003	−0.25	−0.002	−0.21	−0.002	−0.18
公営企業債×人口 3,000 人未満	0.024	0.14	0.049	0.29	0.012	0.07
積立金残高／一般財源	−0.572	−5.19***	−0.564	−5.08***	−0.578	−5.27***
定数項	−12.694	−19.43***	−8.875	−14.14***	−10.126	−8.69***
観測数			16,931			
グループ数			47			
Log likelihood	−2799.232		−2851.462		−2764.161	
AIC	5628.465		5732.924		5566.322	

注：***は 1 ％，**は 5 ％，*は 10％水準で統計的に有意であることを示す．

ミー変数を用いた推定結果を見ると，交付税と人口 3,000 人未満の交差項は有意な正の値となっており，小規模町村において歳入に占める普通交付税の割合の高いところほど，さらに合併を行う確率は高くなる．また，一般財源に対する市町村債残高の比率が与える影響は，人口 3,000 人以上の町村と比較した場合，小さくなっている．

　この推定結果から，基準財政需要額算定における制度変更や普通交付税額の削減が財政的に厳しく，交付税に財政運営を依存していた小規模町村を合併に追い込んだといえるであろう．ただし，厳密にはどのような制度変更が

151

合併に影響したのかは，この推定結果からは明らかではない。しかし，1998〜2001年度における人口4,000人以下の市町村の段階補正フラット化が小規模な町村において影響していた可能性が示唆される。

本書において繰り返し述べてきたところであるが，一般財源はそれがなければ事業を実施することができないという意味で地方自治体の予算編成を拘束するとともに，その範囲内での裁量的行動を地方自治体に可能にするものである。1990年代末からの地方交付税制度の変更や交付税総額の削減を踏まえれば，中央政府は地方自治体に対して付与する一般財源を減少させることによって，市町村の裁量の余地を小さくし，市町村合併という特定の政策へと誘導を行ったといえる。したがって，中央政府は一般財源を増加させるだけでなく，減少させることによって，地方自治体を統制してきたといえよう。

おわりに

本章においては，市町村合併の要因について，中でも一般財源の動向が市町村合併に与えた影響について検証を行った。分析の結果，町村においては，歳入に占める普通交付税の割合や経常収支比率が高いほど合併を行う確率が有意に高いことが明らかになった。また，特に人口3,000人未満の小規模町村において普通交付税の割合の高いところほど，さらに合併を行う確率は高いことも明らかになった。こうした結果は，財政的に厳しく，交付税に財政運営を依存していた町村が交付税の削減によって合併に追い込まれたという主張と整合的である。中央政府は一般財源を増加させるだけでなく，減少させることによって，地方自治体を統制してきたといえよう。

また，前章において明らかにしたように，過疎自治体でない合併市町村は，交付税措置が講じられる臨道債を多く起債しており，中央政府の誘導に乗った市町村ほど合併の確率が高くなると解釈することも可能である。中央政府の単独事業への誘導が市町村合併という次なる誘導を生み出したともいえる。

第8章

結論

　本書では，地方自治体の予算編成の核となる一般財源を軸に，地方自治体の財政行動メカニズムを実証的に明らかにしてきた。その中で重視してきたのは，一般財源によって，中央政府にとっては地方自治体に対するコントロールが可能になる一方で，地方自治体にとっては裁量的行動も可能になる点であった。さらに，一般財源による裁量的行動によって，制度設計者である中央政府が地方自治体に対して与えた事業実施のインセンティブに地方自治体が反応せず，中央政府の意図から逸脱していくことの積み重ねが制度を変化させていくという動態的過程を描いてきた。また，戦後日本の地方財政制度形成の要因として，財政力の弱い多数の地方自治体による減税と平等化の要求があったことにも着目した。そこで，本章においては本書で明らかにしたことをまとめたい。

1　一般財源によって可能となる中央政府による統制と地方自治体の裁量性

　予算編成の核となる一般財源によって可能となる歳入面における中央政府による統制と，地方自治体の行動との関係について，主として第3章，第4章，第6章，第7章において議論した。分析対象とした時期は，1970年代後半〜1980年代前半と1990〜2000年代であり，特定の時期に偏ることなく，日本における政府間財政関係の特質を把握することとした。
　第3章において，1970年代後半に行われた地方交付税の増額や地方債を

活用した諸措置が普通交付税の財政調整機能に与えた影響を一般財源のタイル尺度の要因分解によって明らかにし，地方交付税制度に生じた変化について検討した。一般財源の構成要素への分解から，基準財政需要額の一部を地方債に振り替える措置や法人二税の基準財政収入額の算定方法の変更の後も，地方交付税総額が増額される中で，地方交付税の財政調整効果に大きな変化は見られなかったことが明らかになった。

　財政調整効果に大きな変化がない中での地方交付税の増額措置は，財政力の弱い地方自治体も含めて国庫支出金や地方債が充当される残額に充当される財源を増加させた。このため，都道府県は普通建設事業費，中でも補助事業費を増加させることが可能になり，実際に補助事業費は増加した。このような誘導システムは高度経済成長期に原型が形成されたものであるが，オイルショック以降の税収欠陥という条件のもとで，国債と地方債とに依存する形で新たに形成されたものである。金澤（2002）は国家財政に関して，「1977年度以降は，（中略）建設国債の発行によって財源保障された公共事業費が優遇されるという構造」を指摘しているが，地方財政においても同じような構造が1970年代後半以降に形成されたことが実証的に明らかにされた。

　本書において繰り返し述べてきたことであるが，地方自治体は国庫支出金と地方債を充当した残額に充当する一般財源の範囲内で予算を編成し，事業を実施することが可能である。一般財源は，それがなければ事業を実施することができないという意味で地方自治体の予算編成を拘束するとともに，その範囲内での裁量的行動を地方自治体に可能にするものである。補助事業実施のために地方交付税が付与されたことによって，地方自治体は補助事業の実施が可能になった。

　こうした地方交付税の増額措置と財政調整機能の維持の背景には，オイルショックによる景気悪化への対策のため，中央政府が地方自治体を投資的事業の実施に誘導する必要があったことが挙げられる。したがって，財源の付与は地方自治体の行動の可能性を拡げたと同時に，国庫支出金制度を通じた地方自治体に対する中央政府の制度による拘束をもたらした。

　第4章においては，道路事業に着目し，道府県の臨道債許可額のデータを

用いて，臨道債の発行と交付税措置率との関係について分析を行った。分析の結果，臨道債は地方特定道路整備事業が補助事業と単独事業との組み合わせ事業であったために，地方債の元利償還金の交付税措置という制度が存在しても，国庫支出金と連動していたことが明らかになった。また，国庫支出金や地方債の充当残に充当される地方税や地方交付税といった一般財源（投資余力＝100－経常収支比率）が増加するほど，交付税措置が講じられる臨道債の許可額が増加することも明らかになった。

　前者については，地方道路特定整備事業の制度設計から，中央政府の意図通りの結果であったといえよう。また，後者については，一般財源の範囲内で地方自治体は裁量的に起債を行っていたことを示していると解釈することができる。したがって，第4章の分析結果は，起債の国庫支出金による誘導と投資余力の範囲内での選択という，制度による拘束と地方自治体の裁量的行動の双方を示すものとなっている。こうした特徴のもとで地方自治体は財政活動を行っており，これが投資的経費の単独事業費の地方財政計画額と決算額の乖離に見られるような中央政府の「意図せざる結果」を生み出したのである。もちろん，これをもって，地方自治体がなおも「集権的」に統制されているとか，より「分権的」になったとかを判断することはできない。重要なのは，こうした中央政府の意図と地方自治体の行動との乖離が，次の政府間財政関係の展開を準備することにある。

　そこで，第6章においては，2000年代における投資的経費の分析を行った。非合併・非過疎市町村においては2000年代後半以降，投資的経費総額が減少する中で，第4章において分析した臨道債などの交付税措置が講じられる地方債を活用した単独事業から，特に財政力の高い都市において交付金と地方債とを活用した補助事業に，その中心が変化しつつあったことが明らかになった。発行額が最も大きかった臨道債は減少し，それに代わって発行額が最も大きくなったのは，三位一体改革の中で創設された学校交付金の補助裏に充当される学校債であった。その背景には，学校交付金が充てられる耐震補強事業の実施に必要な所要一般財源の少なさと，中央政府からの要請があった。非合併・非過疎市町村においては，1990年代にさかんに行われ

た交付税措置が講じられる地方債を活用した単独事業とは異なる事業が行われていたのである。

　こうした一連の過程は，第4章の分析結果も踏まえれば，次のようにまとめることができる。すなわち，1990年代を中心に行われた中央政府による単独事業の誘導は，公債費の増加という形で地方自治体の財政硬直化を生じさせ，地方交付税総額の減少も相まって，地方自治体の政策遂行に必要な一般財源の余裕が減少した。その結果，一般財源の範囲内で裁量的行動が可能である地方自治体は，所要一般財源のより少ない事業を選択したものと考えられる。これは，誘導の累積的過程が一般財源を介して，地方自治体の裁量的行動に影響を与えた動態的過程である。

　さらに，第7章においては，第6章で分析した合併市町村の財政行動の背景にある市町村合併の要因について，特に一般財源が与えた影響を分析した。分析の結果，町村においては，歳入に占める普通交付税の割合や経常収支比率が高いほど合併を行う確率が有意に高いことが明らかになった。また，特に人口3,000人未満の小規模町村において普通交付税の割合の高いところほど，さらに合併を行う確率は高いことも明らかになった。こうした結果は，財政的に厳しく，交付税に財政運営を依存していた町村が交付税の削減によって合併に追い込まれたという主張と整合的であった。中央政府は一般財源を増加させるだけでなく，減少させることによって，地方自治体を統制してきた。また，第6章において明らかにしたように，過疎自治体でない合併市町村は，交付税措置が講じられる臨道債を多く起債しており，過去の中央政府による単独事業への誘導に乗ったことが次なる誘導を生み出したともいえる。

　これまでは特定財源や「交付税の補助金化」の誘導効果によって地方自治体が事業を実施するという選択行動について分析が行われ，一般財源は「残余」にすぎないとして重視されてこなかったように思われるが，この「残余」こそが地方自治体が事業を実施しないということを含めて政府間財政関係に大きな影響を与えてきたことが分析を通じて明らかにされた。

2　制度による拘束における中央政府の意思と地方自治体の意思

　制度による拘束については，中央政府と地方自治体との間の垂直的政府間関係だけでなく，地方自治体の意思にも着目し，主として第2章と第5章において議論した。分析対象とした時期は，1960年代と1990～2000年代であり，制度の形成過程とともに，近年における実態について明らかにした。

　第2章においては，1964年度における市町村民税所得割の課税方式の本文方式への統一と標準税率・制限税率の導入の背景にどのような要因が働いていたのかを明らかにした。課税方式の統一以前に但書方式を採用していたのは主として財政力の弱い市町村であり，課税方式の統一は市町村民税所得割における負担水準の市町村間不均衡という問題を解消するという政策目的に基づいて行われた。その推進力となったのは，1963年に行われた総選挙に際して自民党が掲げた減税公約であり，課税方式を統一するという池田首相の強い意向であった。そして，その背景には，地方自治体の減税と平等化の要求，特に全国町村会による強い働きかけがあった。したがって，地方自治体に対する制度による拘束は，中央政府の意思のみによってもたらされるのではなく，但書方式を採用していた多数の地方自治体が政治過程を通じて実現したともいえる。つまり，多数の地方自治体の減税と平等化の要求を背景として構築された地方税制度が地方自治体全体を歳入面から拘束することになったのである。

　第5章においては，市町村が土地に係る固定資産税の評価額を意図的に低くし，基準財政収入額を減少させて，地方交付税の受け取りを増加させてきたのかという主張について検討を行った。その結果，市町村は基準財政収入額を恣意的に減少させ，地方交付税の受け取りを増やそうとしているとは必ずしもいえないことが明らかになった。こうした結果が生じたのは，制度的にこうしたことが不可能なためである。この背景には，固定資産税における負担水準の均衡化という政策が存在する。第2章において市町村民税所得割

の課税方式の統一と標準税率・制限税率の導入過程について分析を行ったが，多数の地方自治体が望んだ地方税負担水準の市町村間不均衡の解消は，日本の地方財政制度の重要な形成要因であり，住民の地方税負担水準を均衡化させる限りにおいて，制度による拘束を正当化する。

　こうした歳入面における制度による拘束によって，地方自治体の歳出は拘束された。他方で，それによって一般財源の余裕が減少すると，誘導からの「逸脱」という裁量的行動が生じた。その結果，中央政府は誘導のための新たな仕組みを用意し，政府間財政関係を変化させていったのである。

3　本書の意義と政策的含意

　日本における政府間財政関係の特質として，地方自治体に対する中央政府の影響力の優位性や，地方自治体に対する制度による拘束が強調されてきたが，本書においてもこれらを重視した。しかしながら他方で，存在する制度の範囲内で地方自治体は選択行動を行ってきたのであり，裁量的行動をとることが可能であった。こうした特徴を歳出面においてもたらす制度が国庫支出金や地方債を充当した残額に充当される一般財源であるとして，分析の中心に据え，一般財源が制度による拘束と地方自治体の裁量的行動にどのような影響を与えてきたかを検証してきた。一般財源が中央政府の地方自治体に対する統制を可能にするとともに，「意図せざる結果」も生み出したことを明らかにした。

　さらに，市町村民税所得割の課税方式の本文方式への統一と標準税率・制限税率の導入の過程から，中央政府の意図のみが租税統制の要因ではなかったことを明らかにした。歳入面から地方自治体が拘束されるようになった背景には，多数の地方自治体の減税と平等化の要求が存在した。このことを歴史と制度の両面から示した。

　こうした分析結果から得られる政策的含意は，次の通りである。

　第1に，制度設計における地方自治体の参画の必要性である。先述の通り，地方自治体は1970年代後半において当初は事業を実施しないという形で，

第 8 章 結論

1990〜2000年代にかけては誘導からの逸脱という形で裁量的行動を行い，その結果，制度は変更されることになった。しかし，制度を設計するのはあくまでも中央政府なのであって，地方自治体ではなく，次の誘導が生み出された。また，市町村合併の要因分析の中で論じたように，1990年代における単独事業への誘導が財政の硬直化をもたらし，市町村合併への誘導を生み出した可能性がある。このように，中央政府による自治体行動の誘導が繰り返され，地方自治体は中央政府の政策に翻弄されてきた。少子高齢化が進む中で，地方自治体が住民にとって必要な公共サービスを安定的に供給し続けるためには，中央政府の意思のみに基づく誘導の繰り返しではなく，地方自治体側が主体的に制度設計に参画することができる仕組みが求められる。

第2に，「一般財源総額確保」という地方自治体側の要求の危うさである。近年，地方自治体側は中央政府に対して一般財源の総額が確保されることを強く求めている。本書で明らかにしてきたように，一般財源が確保されれば，地方自治体は一定の裁量性を発揮し，予算編成を行うことができる。しかし，一般財源は中央政府による地方自治体の統制の手段でもあった。一般財源総額確保という地方自治体側の要求は三位一体改革の苦い経験を踏まえてのことであろうが，地方自治体が自らの裁量性を高めたいのであれば，税財源の充実を図っていくことが必要不可欠である。

第3に，税財源の充実と「負担水準の均衡化」の問題である。制限税率の廃止・緩和といった形で地方分権が進展し，中央政府による租税統制が緩和される中でも，画一的な地方税構造が維持されているのは，多数の地方自治体の減税と平等化の要求といった歴史的経緯によるものである。地方自治体の超過課税は，法人課税については多くの地方自治体で行われているのに対し，固定資産税については1割程度にとどまっている。さらに，個人住民税についてはほとんど行われていない。しかし，個人住民税の制限税率は廃止されており，制度的には増税を行うことも可能である。超過課税が行われていないのは，個人を対象とした負担水準の均衡化を地方自治体，さらにいえば住民が求めているためである。今後，住民にとって必要な公共サービスを確保するために，より多くの財源が必要とされる中で，地方自治体，ひいて

は住民が税負担の増加と地域間格差をどこまで許容するかが地方財政制度を検討するうえで重要な鍵となると思われる。

　最後に本書に残された課題である。本書が分析対象とした歳出は，投資的経費と公債費のみとなっており，教育や社会保障に関係する人件費や扶助費などの経常経費については分析を行っていない。地方自治体の財政行動をより正確に明らかにするためには，こうした経費についても分析を行うことが不可欠である。本書において展開した議論が，こうした経費にも適用可能であるのか，さらなる検討が必要となるが，それは今後の課題としたい。

参考文献

〈文献〉

Aoki, M. (2001), *Toward a Comparative Institutional Analysis*, Massachusetts Institute of Technology.〔青木昌彦／瀧澤弘和・谷口和弘訳（2003）『比較制度分析に向けて』NTT 出版〕

Blöchliger, H. and Nettley, M. (2015), "Sub-central Tax Autonomy: 2011 Update," *OECD Working Papers on Fiscal Federalism*, No. 20.

Boudon, R. (1982), *The Unintended Consequences of Social Action*, Macmillan.

Bowles, S. (2004), *Microeconomics: Behavior, Institutions and Evolution*, Princeton University Press.〔サミュエル・ボウルズ／塩沢由典・磯谷明徳・植村博恭（2013）『制度と進化のミクロ経済学』NTT 出版〕

Chavance, B. (2007), *L'économie institutionnelle*, La Découverte.〔ベルナール・シャバンス／宇仁宏幸・中原隆幸・斉藤日出治訳（2007）『入門制度経済学』ナカニシヤ出版〕

Common, J. R. (1934), *Institutional Economics: Its Place in Political Economy*, Macmillan.〔J. R. コモンズ／中原隆幸訳（1984）『制度経済学 上』ナカニシヤ出版〕

Coronado, J. L. (1999), "Tax Exemption and State Capital Spending," *National Tax Journal*, Vol. 52(3), pp. 473-481.

Galbraith, J. K. (1983), *The Anatomy of Power*, Houghton Mifflim Company.〔J. K. ガルブレイス／山本七平訳（1984）『権力の解剖（条件づけの論理）』日本経済新聞社〕

Hodgson, G. M. (1998), "The Approach of Institutional Economics," *Journal of Economic Literature*, Vol. 36(1), pp. 166-192.

Lasswell, H. D. and Kaplan A. (1950), *Power and Society: A Framework for Political Inquiry*, Yale University Press.〔H. D. ラスウェル・A. カプラン／堀江湛・加藤秀治郎・永山博之訳（2013）『権力と社会――政治研究の枠組』芦書房〕

Martinez-Vazquez, J., Lago-Peñas, S., and Sacchi, A. (2015), "The Impact of Fiscal Decentralization: A Survey," *GEN Working Paper*, A 2015-5.

Myrdal, G. (1960), *Beyond the Welfare State*, Yale University Press.〔G. ミュルダール／北村一雄監訳（1963）『福祉国家を越えて』ダイヤモンド社〕

Rhodes, R. A. W. (1999), *Control and Power in Central-Local Government Relations, Second Edition*, Ashgate.

Stegarescu, D. (2005), "Public Sector Decentralisation: Measurement Concepts and Recent International Trends," *Fiscal Studies*, Vol. 26(3), pp. 301-333.

Wright, D. (1978), *Understanding Intergovernmental Relations*, Duxbury Press.

青木栄一（2004）『教育行政の政府間関係』多賀出版

青木宗明（2006）「『平成大合併』から学ぶべきこと――求められる『地方の意向』の反映」町田俊彦編著『「平成大合併」の財政学』公人社

朝日ジャーナル編集部（1963）「住民税 高いまち・安いまち」『朝日ジャーナル』10月6日号，pp. 90-97.

池上岳彦（1998）「一般財源主義の限界と新たな一般税源主義の課題」神野直彦・金子勝編著『地方に税源を』東洋経済新報社

――――（2004）『分権化と地方財政』岩波書店

池田篤彦編著（2008）『図説 日本の財政（平成20年度版）』東洋経済新報社

石原信雄（1996a）「地方税財政の系譜 地方税財政制度の基盤を築いた人々 vol. 7」『地方財務』1996年7月号，pp. 157-164.

――――（1996b）「地方税財政の系譜 地方税財政制度の基盤を築いた人々 vol. 9」『地方財務』1996年9月号，pp. 129-136.

――――（2000）『新地方財政調整制度論』ぎょうせい

伊藤修一郎（2002）『自治体政策過程の動態――政策イノベーションと波及』慶應義塾大学出版会

伊藤昌哉（1966）『池田勇人 その生と死』至誠堂

稲葉秀三・内山徳治・荻田保・木村元一・河野一之・五藤斉三・児玉政介・鈴木武雄・田中二郎・友光正昭・林慶之助・福良俊之・松隈秀雄・松宮克也・三好重夫・村田為五郎・山本正雄・渡辺喜久造（1959）『地方税財政実態調査報告書』

井堀利宏（2001）『財政再建は先送りできない』岩波書店

今井勝人（1993）『現代日本の政府間財政関係』東京大学出版会

入谷貴夫（1995a）「地方公共投資の構造変化と地域経済（上）――地方単独事業を中心に」『宮崎大学教育学部紀要 社会科学』No. 76-78, pp. 1-18.

――――（1995b）「地方公共投資の構造変化と地域経済（下）――地方単独事業を中心に」『宮崎大学教育学部紀要 社会科学』No. 76-78, pp. 19-39.

石見隆三（1963）「市町村民税の負担の不均衡是正をめぐる問題点」『地方税』Vol. 14(12), pp. 35-43.

上村敏之・鷲見英司（2003）「合併協議会の設置状況と地方交付税」『会計検査研究』No. 28, pp. 85-99.

臼井守・岡本一夫・桑原淳剛（1963）「市町村民税所得割の現状と問題点」『税』Vol. 18(9), pp. 8-34.

参考文献

梅原英治 (1996)「地方単独事業の拡大と地方債・地方交付税措置」鹿児島経済大学地域総合研究所編『分権時代の経済と福祉』日本経済評論社
遠藤安彦・志村哲也 (1976)「『昭和50年度における地方交付税及び地方債の特例に関する法律』について」『地方財政』1976年1月号, pp. 133-147.
大蔵財務会計調査会編『予算と地方財政(各年版)』大蔵財務会計調査会
大蔵省財政史室編 (1994)『昭和財政史——昭和27〜48年度 第14巻 資料(2)予算』東洋経済新報社
大阪府市町村振興協会編『自治大阪』
太田和紀 (1978)「昭和52年度地方債許可(予定)状況について」『地方財政』1978年6月号, pp. 153-171.
大嶽秀夫 (1991)「鳩山・岸時代における『小さい政府』論——1950年代後期における減税政策」日本政治学会編『年報政治学 戦後国家の形成と経済発展——占領以後』岩波書店
岡﨑靖典 (1999)「地方単独事業における地方交付税の利用——事業費補正を中心として(上)」『自治研究』Vol. 75(10), pp. 86-101.
——— (2000a)「地方単独事業における地方交付税の利用——事業費補正を中心として(中)」『自治研究』Vol. 76(3), pp. 102-116.
——— (2000b)「地方単独事業における地方交付税の利用——事業費補正を中心として(下)」『自治研究』Vol. 76(8), pp. 96-117.
小川忠恵 (1967)「主要地方税の負担構造——住民税の場合」『都市問題』Vol. 58(11), pp. 27-39.
荻田保 (1957)「市町村民税所得割課税方式について」『地方税』Vol. 8(7), pp. 1-6.
貝塚啓明・本間正明・高林喜久生・長峰純一・福間潔 (1987)「地方交付税の機能とその評価 Part II」『フィナンシャル・レビュー』No. 4, pp. 9-26.
梶田真 (2001)「地域間所得再分配と公共投資」『経済地理学年報』Vol. 47(1), pp. 35-54.
——— (2008)「小人口町村に対する地方交付税削減策の展開とその解釈——市町村合併政策との関係を中心に」『地理学評論』Vol. 81(2), pp. 60-75.
金井利之 (2006)「地域間平等の行政学」日本政治学会編『年報政治学 2006——I 平等と政治』木鐸社
金澤史男 (1993)「『平等志向型』国家の租税構造」『歴史学研究』No. 652, pp. 26-39.
——— (2002)「財政危機下における公共投資偏重型財政システム」金澤史男編『現代の公共事業 国際経験と日本』日本経済評論社
——— (2008)「財政史研究の再検討」『財政と公共政策』Vol. 30(1), pp. 45-54.
川手摂・嶋﨑健一郎・下田雅己 (2013)「合併推進過程における都道府県の役割」後藤・安田記念東京都市研究所編『平成の市町村合併——その影響に関する総合的研究』

木代泰之（1985）『自民党税制調査会』東洋経済新報社
金融財政事情研究会（1963a）「住民税の地域差是正に新構想 補給金制度で課税方式統一へ」『金融財政事情』Vol. 14(37), p. 8.
─── (1963b)「煮詰まってきた明年度減税の中身」『金融財政事情』Vol. 14(41), pp. 14-15.
─── (1963c)「波乱含みの明年度地方財政戦線」『金融財政事情』Vol. 14(43), pp. 14-15.
─── (1963d)「難題はあと回しの二千億円減税構想」『金融財政事情』Vol. 15(3), pp. 14-15.
─── (1964)「予算編成の経緯と政府案の焦点」『金融財政事情』Vol. 14(47), pp. 23-27.
日下部眞一（2003a）「地域経済格差の正しい理解のために（1）行政投資は地域力を高めるのに有効か？」『統計』Vol. 54(11), pp. 70-79.
─── (2003b)「地域経済格差の正しい理解のために（2）地域間格差を相対評価する回帰偏差値」『統計』Vol. 54(12), pp. 73-81.
建設省大臣官房会計課（1992）「地方特定道路整備事業と地方特定河川等環境整備事業」『MCM 建設月報』Vol. 45(3), pp. 67-69.
交付税課（1980）「地方交付税の話(6)」『地方財政』1980 年 9 月号，pp. 96-106.
固定資産税務研究会編（2005）『平成 17 年度版要説固定資産税』ぎょうせい
小宮隆太郎（1975）『現代日本経済研究』東京大学出版会
近藤学（2002）「固定資産税制と地方交付税制度」『税務経理』No. 8345, pp. 2-7.
斎藤剛史（2006）「文部科学省の 2006 年度予算（案）⑦──大臣官房　公立学校施設補助を一部交付金化」『内外教育』No. 5637, pp. 8-9.
財政研究会編（1983）『項目別税制調査会答申集』財経詳報社
財政調査会編（1964）『國の予算』同友書房
佐藤進（1968）「戦前の地方財政と戦後の地方財政」鈴木武雄・島恭彦監修『戦後地方財政の展開』日本評論社
佐藤誠三郎・松崎哲久（1986）『自民党政権』中央公論社
静岡県編（2003）『平成 13 年度市町村財政の状況』
自治省（1964）『地方税制の現状とその運営の実態』地方財務協会
─── (1968)『地方財政制度資料　第 10 巻』
───『地方財政統計年報（各年版）』大蔵省印刷局
───『地方財政白書（各年版)』大蔵省印刷局
自治省・総務省『固定資産の価格等の概要調書（各年度版)』
───『市町村別決算状況調（各年度版)』
柴田護（1975）『自治の流れの中で 戦後地方税財政外史』ぎょうせい
嶋津昭編（1998）『図説　地方財政（平成 10 年度版)』東洋経済新報社
衆議院事務局（1961）『第 29 回衆議院議員総選挙一覧』大蔵省印刷局

自由民主党編（2006）『自由民主党五十年史』
神野直彦（1993）「『日本型』税・財政システム」岡崎哲二・奥野正寛編『現代日本経済システムの源流』日本経済新聞社
——（1994）『昭和39年度の予算』大蔵省財政史室編『昭和財政史——昭和27～48年度 第3巻 予算(1)』東洋経済新報社
税制調査会（1964）『税制調査会関係資料集——一般税制、企業税制、地方税制部会資料』
関口浩（2004）「資産課税の改革」池上岳彦編著『地方税制改革』ぎょうせい
全国町村会（1963a）『町村週報』No. 665
——（1963b）『町村週報』No. 689
——（1963c）『町村週報』No. 690
——（1963d）『町村週報』No. 697
——（1963e）『町村週報』No. 700
——（1964）『町村週報』No. 702
——（1972）『全国町村会五十年史』
仙波節夫（1976）「昭和51年度の基準税額の算定方法の概要」『地方財政』1976年11月号, pp. 72-104.
総務省（2005）「平成17年度地方税に関する参考計数資料」
——『都道府県決算状況調（各年度版）』
高木健二（2006）「合併特例債は『疑似餌』」町田俊彦編著『「平成大合併」の財政学』公人社
高林喜久生（2005）『地域間格差の財政分析』有斐閣
田中一行（1992）「日本の土地保有課税」目良浩一・坂下昇・田中一行・宮尾尊弘『土地税制の研究——土地保有課税の国際比較と日本の現状』財団法人日本住宅総合センター
——（1999）「固定資産税の土地評価と負担調整——理論と実証の両面から制度改革を考える」日本地方財政学会編『地方分権と財政責任』勁草書房
地方交付税制度研究会編『地方交付税制度解説（補正係数・基準財政収入額篇）（各年度版）』地方財務協会
地方債制度研究会編（1997）『市町村長さんと議員さんの知恵袋 これでわかる地方単独事業』地方財務協会
地方債制度研究会編（2009）『事業別地方債実務ハンドブック』ぎょうせい
地方財政制度研究会編『地方財政要覧（各年版）』地方財務協会
地方財務協会編（1964）『改正地方税制詳解』地方財務協会
土居丈朗（2000a）『地方財政の政治経済学』東洋経済新報社
——（2000b）「地方交付税制度の実態とあり方について」『租税研究』No. 614, pp. 15-26.
土居丈朗・別所俊一郎（2005a）「地方債元利償還金の交付税措置の実証分析——

　　　　元利補給は公共事業を誘導したか」『日本経済研究』No. 51, pp. 33-58.
――――（2005b）「地方債元利補給の実証分析」日本財政学会編『グローバル化
　　　　と現代財政の課題』有斐閣
藤貴子（2005）「昭和30年代の個人住民税における課税選択権と税負担」『地方税』
　　　　Vol. 56(7), pp. 133-148.
道路行政研究会編（2008）『道路行政 平成19年度』全国道路利用者会議
中沖豊（1963）「地方税の動き」『地方税』Vol. 14(10), p. 93.
中澤克佳・宮下量久（2016）『「平成の大合併」の政治経済学』勁草書房
中西啓之（1999）「固定資産税と課税自主権」日本租税理論学会編『地方税の諸問
　　　　題』谷沢書房
中野英夫（2000）「地方債許可制度と地方政府の歳出行動」経済企画庁経済研究所
　　　　編『財政赤字の経済分析――中長期的支援からの考察』大蔵省印刷局
西尾勝（1990）『行政学の基礎概念』東京大学出版会
西村清彦・清水千弘（2002）「地価情報の歪み――取引事例と鑑定価格の誤差」西
　　　　村清彦編『不動産市場の経済分析』日本経済新聞社
日本社会党政策資料集成刊行委員会・日本社会党政策審議会編（1990）『日本社会
　　　　党政策資料集成』日本社会党中央本部機関紙局
林健久（1992）『福祉国家の財政学』有斐閣
――――（2000）「OECD『州・地方政府の課税力』を読む」『地方財政』Vol. 39
　　　　(4), pp. 4-9.
林健久編（2003）『地方財政読本』東洋経済新報社
林信光編著（2007）『図説　日本の財政（平成19年度版）』東洋経済新報社
林正義・石田三成（2008）「地方単独事業と交付税措置――平均処置効果の推定」
　　　　日本財政学会編『財政再建と税制改革』有斐閣
原田淳志・内藤尚志・平井伸治（1999）『地方税Ⅱ』ぎょうせい
肥後雅博・中川裕希子（2001）「地方単独事業と地方交付税制度が抱える諸問題
　　　　――地方交付税を用いた地方自治体への財政支援策の効果と弊害」日本
　　　　銀行 Working Paper Series
兵谷芳康・横山忠弘・小宮大一郎（1999）『地方交付税』ぎょうせい
平嶋彰英（2006）「平成18年度地方債計画について」『地方財政』Vol. 45(3), pp.
　　　　92-119.
平嶋彰英・植田浩（2001）『地方債』ぎょうせい
広田啓朗（2007）「市町村の選択行動と合併要因の検証」『計画行政』Vol. 30(4),
　　　　pp. 75-81.
藤田武夫（1949）『日本地方財政発展史』河出書房
――――（1976）『現代日本地方財政史（上巻）』日本評論社
――――（1978）『現代日本地方財政史（中巻）』日本評論社
――――（1984）『現代日本地方財政史（下巻）』日本評論社

古川卓萬（1995）『地方交付税制度の研究』敬文堂
別所俊一郎（2008）「公共投資の実施と政府間関係」『フィナンシャル・レビュー』No. 89, pp. 93-117.
堀場勇夫・持田信樹・深江敬志（2003）「地方交付税とモラルハザード――固定資産税と制度との関連で」『青山経済論集』Vol. 54(4), pp. 27-58.
町田俊彦（1997）「公共投資拡大への地方財政の動員――地方単独建設事業の拡大と地方債・地方交付税の一体的活用」『専修経済学論集』Vol. 75(10), pp. 131-169.
――――（2006）「地方交付税削減下の『平成大合併』」町田俊彦編著『「平成大合併」の財政学』公人社
松下康雄（1960）「地方税の負担に関する問題点」『財政金融統計月報』No. 110, pp. 17-25.
松本克夫（2007）「疾風勁草"A級戦犯"はどこに消えたか」『RCD Newsletter』No. 11, p. 4.
丸山高満（1985）『日本地方税制史』ぎょうせい
――――（1988）「地方団体の予算編成と一般財源との関係」『福岡大学経済学論叢』Vol. 32(3・4), pp. 229-241.
――――（1989）「日本における政府間財政関係の特質」大島通義・宮本憲一・林健久『政府間財政関係論』有斐閣
宮崎毅（2006）「効率的自治体による法定合併協議会の設置――1999年合併特例法と関連して」『日本経済研究』No. 54, pp. 20-39.
――――（2010）「地方交付税改革が市町村合併に及ぼす影響――段階補正の見直しと地方交付税の削減」『日本経済研究』No. 63, pp. 79-99.
宮沢弘・佐々木喜久治・平井龍・森岡敞・香川義雄（1965）「座談会 地方税制の回顧と展望」『地方税』Vol. 16(1), pp. 170-200.
三好重夫（1960）「住民税をめぐる二つの問題」『自治研究』Vol. 36(1), pp. 37-48.
村川一郎（1986）「自民党税制調査会と政府税制調査会」内田健三編『経済政策決定過程の研究』日本経済研究センター
村松岐夫（1988）『地方自治』東京大学出版会
持田信樹（2004）『地方分権の財政学――原点からの再構築』東京大学出版会
森恒夫（1961a）「住民税の一考察――シャウプ的地方自治の崩壊（Ⅰ）」『都市問題』Vol. 52(7), pp. 33-41.
――――（1961b）「住民税の一考察――シャウプ的地方自治の崩壊（Ⅱ）」『都市問題』Vol. 52(8), pp. 56-68.
――――（1961c）「住民税の一考察――シャウプ的地方自治の崩壊（Ⅲ）」『都市問題』Vol. 52(9), pp. 50-73.
文部科学省（2006）『平成18年版文部科学白書』
横田光雄・斉藤恒孝・益本圭太郎編（2002）『地方財政小辞典』ぎょうせい

吉田震太郎(1972)「高橋財政下の地方財政」高橋幸八郎編『日本近代化の研究 下』東京大学出版会
笠京子(1990)「中央地方関係の分析枠組み――過程論と構造論の総合へ」『香川法学』Vol. 10(1), pp. 39-93.
――――(1992)「戦後日本の交通政策における構造・制度・過程」『香川法学』Vol. 12(2), pp. 1-97.
渡辺敬(1978)「昭和53年度の基準財政収入額の算定方法の概要」『地方財政』1978年10月号, pp. 187-241.
――――(1979)「昭和54年度の基準財政収入額の算定方法の概要」『地方財政』1979年10月号, pp. 115-145.
拙稿(2004)「地方単独事業と財政支援措置――都道府県における道路事業を中心に」『都市問題』Vol. 95(7), pp. 89-109.
――――(2016)「2000年以降における地方交付税制度の財政調整機能に関する分析」地方自治総合研究所編『2000年代の地方財政――地方分権改革後の地方自治の軽視と税財政の弱体化』地方自治総合研究所

〈参考Webサイト〉
大阪府総務部市町村課税政グループWebサイト「市町村税の概要」
　http://www.pref.osaka.lg.jp/shichoson/zei/kakochousa.html
国会会議録検索システム　http://kokkai.ndl.go.jp/
市町村合併資料集　http://www.soumu.go.jp/gapei/gapei.html
首相官邸Webサイト　http://www.kantei.go.jp/
全国市民オンブズマン連絡会議「第16回市民オンブズマン大会」
　http://www.ombudsman.jp/taikai/16th.html
文部科学省Webサイト
　「会見・報道・お知らせ＞報道発表＞平成20年度の報道発表＞『学校耐震化加速に関するお願い』について」
　http://www.mext.go.jp/b_menu/houdou/20/06/08061228.htm
　「教育＞文教施設施策＞公立学校の施設整備＞国庫補助事業について」
　http://www.mext.go.jp/a_menu/shotou/zyosei/zitumu.htm
　「教育＞学校等の施設設備＞公立学校の施設整備＞公立学校施設の耐震化の推進＞公立学校施設の耐震化の推進（過去の調査結果）」
　http://www.mext.go.jp/a_menu/shotou/zyosei/taishin/1324418.htm

初出一覧

第1章　書き下ろし

第2章は次の二つの論文からなり，それらに加筆修正したものである。
　「市町村民税所得割の課税方式の統一と地方交付税」日本財政学会編『財政再建と税制改革（『財政研究』第4巻）』有斐閣，2008年
　「租税政策形成過程の分析――市町村民税所得割の課税方式の統一を事例に」『エコノミア』Vol. 59(2), pp. 79-95, 2008年

第3章は次の論文に加筆修正したものである。
　「1970年代における地方交付税制度の財政調整機能に関する分析」『自治総研』No. 458, pp. 41-67, 2016年

第4章は次の論文に加筆修正したものである。
　「固定資産税・都市計画税と地方交付税――基準財政収入額算定における裁量性の検証」日本地方財政学会編『三位一体改革のネクスト・ステージ（日本地方財政学会叢書）』勁草書房，2007年

第5章は次の論文に加筆修正したものである。
　「交付税措置による事業誘導仮説の検証――道府県における臨時地方道整備事業債を事例に」『社会科学論集』No. 144, pp. 13-22, 2015年

第6章は次の論文に加筆修正したものである。
　「2000年代における投資的経費に関する分析」日本地方財政学会編『地方分権の10年と沖縄，震災復興（日本地方財政学会研究叢書）』勁草書房，2012年

第7章は次の論文に加筆修正したものである。
　「『平成の大合併』における市町村合併要因の分析」四方理人・宮﨑雅人・田中聡一郎編『収縮経済下の公共政策』慶應義塾大学出版会，2018年

第8章　書き下ろし

あとがき

　本書は，筆者が 2016 年 11 月に慶應義塾大学大学院経済学研究科に提出した博士論文「日本における政府間財政関係の研究」に大幅に加筆・修正を行ったものである。博士論文は日本財政学会や日本地方財政学会の報告論文が元となっているが，それらを執筆する過程で，本当に多くの方々にお世話になった。すべての方々のお名前を挙げることはできないが，感謝申し上げたい。

　大学院の指導教授であった金子勝先生には，修士課程入学後から長年にわたりご指導いただいた。先生には何の面識もなかった筆者の大学院での指導を快くお引き受けいただいただけでなく，本当に多くの時間をかけてご指導いただいた。学部を卒業して就職した会社を辞めた筆者が研究生活をスタートさせ，さらに修士課程修了後のブランクを経て博士課程で再スタートさせることができたのも先生のおかげである。先生のご指導がなければ，博士論文を書き上げることはできなかった。心から御礼を申し上げたい。また，学部のゼミの指導教授であった権丈善一先生にも御礼を申し上げねばならない。筆者がゼミの学生であった頃，先生は『再分配政策の政治経済学Ⅰ』の元となる論文を書かれていたが，その中に登場するヴェブレン，ミュルダール，ガルブレイスといった制度派経済学者との出会いが筆者の人生を大きく変えることになった。権丈先生の研究会を選ばなければ，研究者の道に進むことはなかったように思う。お二人の先生から学んだ「政治経済学」は，手法も問題意識も異なるが，筆者の研究の土台である。

　大学院の演習でご指導いただいた飯野靖四先生，山田太門先生にも御礼を申し上げたい。両先生が慶應義塾大学をご退職される前に博士論文を完成させることはできなかったが，折に触れて激励していただいた。また，博士論

文の審査をしていただいた井手英策先生，別所俊一郎先生，寺井公子先生，松沢裕作先生にも感謝申し上げたい。特に主査をお務めいただいた井手先生には本書第2章の元となる論文を執筆する機会だけでなく，それ以外にも多くの機会を与えていただいた。この場を借りて，御礼を申し上げたい。

学外では，神野直彦先生にご指導いただいた。神野先生には学問のみならず，現実の政治や行政の有様を教えていただいた。特に10年ほど前の地域間格差をめぐる論争の中で，政治過程の一端を垣間見ることができたことは貴重な経験であった。さらに，修士課程の頃から参加していた「ネットワーク2000」という財政学者による研究会の参加者から，幾度となく有益なコメントを頂戴した。中でも池上岳彦先生，沼尾波子先生は筆者の研究に丁寧にコメントしてくださった。

学部のゼミの同期である浦川邦夫氏，大学院のゼミの先輩である四方理人氏，同期である田中聡一郎氏，後輩である徐一叡氏，そして先述の研究会の参加者である古市将人氏は研究上の助言をしてくれただけでなく，ともすれば孤独になりがちな筆者を励ましてくれた。心から感謝申し上げたい。

本書の出版にあたり，慶應義塾学術出版基金の出版補助をいただいている。母校に出版の機会を与えていただいたことに御礼を申し上げたい。さらに，編集の段階では，慶應義塾大学出版会の木内鉄也氏に大変お世話になった。書籍を出版することと論文を執筆することとの違いを教えていただき，本書の内容に関してもアドバイスをいただいた。記して謝意を表したい。

最後に，私事になるが家族にも感謝の言葉を伝えたい。父・時雄と母・和子は，筆者に惜しみない愛情を注いでくれ，会社を辞めて大学院に進学したときも温かく応援してくれた。また，妻・裕佳子は博士論文をまとめることができずに苦しむ筆者を励ましてくれた。両親や妻のサポートがなければ，博士号を取得し，本書を刊行することはできなかった。三人に感謝し，本書を捧げたい。

2018年9月20日

宮﨑 雅人

人名索引

青木栄一　130
青木宗明　137
赤城宗徳　24
池上岳彦　78
池田勇人　10, 23, 24, 26, 28, 31, 37, 39-42, 157
石田博英　39
石原信雄　49, 51
泉美之松　23, 26
伊藤修一郎　138
伊藤昌哉　10
井堀利宏　98, 114
今井勝人　16, 17
入谷貴夫　78
ウェーバー（M. Weber）　93
上村敏之　139
宇野宗佑　24, 25
梅原英治　78
江田三郎　39
大平正芳　73
岡﨑靖典　78
貝塚啓明　54
梶田真　87, 137
金井利之　55
金澤史男　2, 4, 5, 78, 154
河津寅雄　32, 33
川手摂　143
岸信介　39
木村元一　29
日下部眞一　54
黒金泰美　33, 34

河野一郎　24, 36
小宮隆太郎　24
近藤学　98
佐藤一郎　26
篠田弘作　22
柴田護　21, 22
清水千弘　98
神野直彦　3
鈴木壽　21, 22
関根則之　74
仙波節夫　65
高木健二　117
高林喜久生　54
田中角栄　24, 26-29, 34, 36
田中一行　101, 106
土居丈朗　4, 78, 87, 98, 114
中川裕希子　78
中澤克佳　137-139, 142
中島茂喜　33
中西啓之　98
中野英夫　78, 86, 87, 92
中山伊知郎　27, 29
西村清彦　98
早川崇　22, 23, 33
林健久　4, 5
肥後雅博　78
広田啓朗　137, 147
福田越夫　73
福田一　73
藤貴子　17
藤田武夫　3, 16, 48, 57

古川卓萬	*47, 48, 59*	宮沢弘	*14*
別所俊一郎	*78, 87*	宮下量久	*137–139, 142*
堀場勇夫	*4, 98, 99, 112*	ミュルダール（G. Myrdal）	*5*
町田俊彦	*78, 117, 137*	三好重夫	*16*
松隈秀雄	*29*	村川一郎	*35*
松下康雄	*17*	村松岐夫	*3, 4*
松島五郎	*22*	森岡敏	*14*
松宮隆	*29*	森恒夫	*16*
松本克夫	*93*	山本敬三郎	*71*
丸山高満	*1, 89, 113*	山本力蔵	*32*
マンデヴィル（B. de Mandeville）	*93*	横田光雄	*105*
宮崎毅	*137, 139*	吉田震太郎	*4*
宮﨑雅人	*89, 148, 149*	鷲見英司	*139*

事項索引

【あ行】

赤字公債　　36, 48
一物四価　　101
逸脱　　2, 8, 11, 95, 158, 159
一般公共事業債（一般公共債）　　51, 120-122, 124, 125
一般財源　　1-4, 7-12, 22, 48, 54-60, 62, 68-70, 74, 75, 86, 89, 93, 94, 100, 112-115, 130, 136-156, 158, 159
一般財源総額確保　　159
一般補助施設整備等事業債（一般補助施設債）　　120-126
移転財源　　7
意図せざる結果　　2, 93, 95, 155, 158
オイルショック　　7, 10, 45, 66, 71, 72, 75, 154
OECD の課税分権度分類　　6
大蔵省　　14, 22, 23, 25-30, 33, 35, 36, 42, 51

【か行】

会計年度所属区分の変更　　51
課税自主権　　15, 98
課税総所得　　15
課税標準　　10, 13, 15, 16
課税分権度　　6
課税方式の統一　　7, 9, 10, 13, 14, 21-29, 31-34, 37, 39-42, 157, 158
過疎　　8, 11, 12, 118-126, 128, 132-136, 152, 155
　――対策事業債（過疎債）　　118, 120-122, 124
学校教育施設等整備事業債（学校債）　　12, 118, 120-126, 132, 133, 135, 136, 155
学校交付金　　12, 127, 128, 130, 132, 134-136, 155
合併　　8, 11, 118-126, 128, 132-136, 155
　――協議会　　137
　――市町村　　12, 117, 118, 152, 156
　――特例事業債　　117, 120, 122, 124
官治的自治　　3
元利償還金　　10, 45, 61, 78, 79
　――の交付税措置　　8, 77, 155
元利償還費　　36, 47
元利補給　　35, 36
危険改築　　128-130
起債充当率　　113
起債制限比率　　84, 86, 87, 92
基準財政収入額　　10, 11, 61, 62, 68-70, 75, 97-100, 104, 105, 107-110, 114, 148, 149, 154, 157
基準財政需要額　　10, 21, 36, 45, 47, 49, 50, 55, 57-59, 62, 70, 74, 75, 78, 85, 97, 137, 148-151, 154
基準税率　　97
基礎控除　　13, 15, 16
規模の効果　　55
逆再分配　　47, 48, 59
景気回復　　66, 67
景気対策　　7, 8, 10, 52, 72-75, 78, 93, 154
経済構造比率　　63, 64, 68, 75

175

傾斜配分　　*21, 29, 32*
経常収支比率　　*12, 137-147, 151, 152, 156*
減収補給金　　*32, 36*
減収補填　　*22, 23, 28, 31, 34-36*
　　——債　　*36, 47-49*
減税　　*2, 5, 6, 10, 14, 16, 23, 24, 30, 37, 42, 43, 153, 157-159*
　　——補給金　　*28, 42*
　　——補てん財源要求全国町村大会*33*
建設事業費　　*61*
建設省　　*79, 81*
建設地方債　　*45, 49-52* → 特例——も見よ
公共経済学的アプローチ　　*4, 78*
公共事業　　*72-74*
公共事業推進本部　　*73*
公債費負担比率　　*138-147, 151*
交通安全対策特別交付金　　*62*
高度経済成長　　*2, 5, 16, 41, 66, 154*
交付税 → 地方交付税，特別交付税，普通交付税も見よ
交付税措置　　*10, 11, 78, 79, 82, 83, 117, 136, 152, 155, 156*
　　——率　　*10, 79, 81, 83-85, 87, 88, 94, 130*
交付税特別会計　　*45, 49-51*
交付税の補助金化　　*1, 156*
交付税比率　　*137, 147*
公立学校施設耐震化推進計画　　*129*
高齢化率　　*140-147, 151*
国債　　*48, 51, 154*
国庫支出金　　*1, 7, 11, 70, 75, 84, 87-89, 94, 97, 113, 154, 155, 158*
国庫補助負担金　　*128*
　　——の交付税化　　*118, 122, 127*
国庫補助負担率　　*89, 113*

固定資産税　　*8, 11, 27, 98-105, 108, 109, 112, 114, 157, 159*
　　——の課税標準額　　*98-100, 106, 109-111*
　　——の実効税率　　*105-107*
　　——評価額　　*11, 97, 98, 114, 115*
固定資産評価基準　　*98, 99, 102*

【さ行】

財源　　*3, 7, 25, 26, 31, 71, 75*
財源対策債　　*45, 47, 50-52, 58-61, 83*
財源不足　　*2, 45, 47-51, 57*
財政硬直化　　*2, 8, 12, 136, 156, 159*
財政対策債　　*49, 50*
財政調整機能　　*10, 48, 54, 57, 61, 62, 70, 74, 75, 150, 154*
財政投融資　　*35*
財政力指数　　*47, 81, 82, 85, 132-135*
裁量的行動　　*1, 3, 4, 8, 9, 11, 12, 70, 71, 75, 92-94, 114, 115, 136, 152-156, 158, 159*
サバイバル分析　　*138, 139, 143, 144, 150*
三位一体改革　　*8, 12, 118, 127, 136, 155, 159*
市街化区域内農地　　*101*
時事匡救政策　　*4*
支出水準先行型地方税構造　　*4*
地震防災対策特別措置法　　*128, 129, 131*
自然増収　　*2, 16, 27, 29*
自治省（自治庁）　　*14, 15, 21-23, 28-31, 34-36, 41, 42, 49, 51, 74, 75, 79, 93, 143*
市町村合併　　*9, 12, 55, 117, 137, 138, 143-145, 148, 152, 159*
市町村債残高　　*140-147, 151*
市町村民税　　*14-17, 22, 25-27, 33*
　　——所得割　　*5, 7, 9, 13-15, 17-24, 26, 28, 40-42, 157, 158*
　　——法人税割　　*101*

索引

シャウプ勧告　　3, 7, 13-15
社会資本ストック　　78
社会党　　37, 39
集権的分散システム　　3
住宅用地特例　　100-103, 105, 106
自由民主党（自民党）　　9, 14, 24-26, 29-31, 34, 36-39, 42, 157
　　——税制調査会　　27, 32
　　——政務調査会　　33, 35
　　——総務会　　33, 35
　　——地方行政部会　　29, 30, 33
住民税　　23, 25, 27-30, 40, 159
準拠税率　　15, 16, 18, 19, 21, 22, 26, 31, 40
譲与税特別会計　　46
所得再分配　　5
所得税　　15, 16, 23-25, 27
所得捕捉率　　41
垂直的政府間関係　　9
制限税率　　7, 9, 13, 21, 42, 157-159
税制改正大綱　　29, 30
制度による拘束　　2-5, 9, 42, 74, 75, 99, 155, 157, 158
制度論的アプローチ　　4, 77, 98
政府間財政関係　　3, 79, 155, 156, 158
政府税制調査会　　16, 20-22, 25-27, 29, 40-42
全国市長会　　72
全国知事会　　72
全国町村会　　14, 31, 33, 34, 37, 42, 72, 157
増税なき財政再建　　7
総選挙　　9, 14, 23, 24, 26, 27, 32, 39, 42, 157
租税統制　　10, 159

【た行】

耐震化率　　132, 135

大臣折衝　　34, 35
耐震補強事業　　8, 12, 128-131, 136, 155
タイル尺度　　10, 54-62, 70, 74, 75, 148-150, 154
但書方式　　5, 9, 10, 13-21, 24, 25, 28, 29, 31, 34, 37, 38, 40-43, 157
段階補正　　137, 147, 150
単独事業　　2, 8-12, 77-81, 85, 87, 89, 92-95, 135, 136, 152, 155, 156, 159
地域総合整備事業債　　77
地価抑制政策　　101
地財ショック　　150
地方行政委員会　　22, 24
地方交付税　　1, 3, 7-12, 29, 30, 32, 36, 45, 46, 48-52, 54, 55, 62, 70, 74, 75, 86, 94, 97-100, 105, 107, 109, 110, 112, 114, 115, 150, 152-154, 156, 157
　　——と地方債の一体的活用　　77
　　——法　　54
地方債　　1, 7, 8, 10, 12, 35, 45-47, 49, 62, 70, 74, 75, 77-79, 89, 113, 117-119, 122, 123, 126, 136, 153, 155, 156, 158 → 特例——も見よ
　　——充当率　　89
地方財政計画　　2, 8, 11, 49, 63, 67, 71-73, 92, 93, 95, 155
地方財政制度　　2, 3, 5, 6, 8, 115, 153, 158, 160
地方財政調整制度　　5
地方財政法　　49, 52
地方自治確立対策協議会　　72, 73
地方譲与税　　3, 62, 86, 149
地方税　　1, 3, 5-7, 11, 22, 27-30, 33, 43, 54, 56, 57, 60, 86, 94, 101, 148, 149
　　——減収補填債　　52, 53, 58-60
　　——法　　16, 36, 100, 102, 106
地方制度調査会　　16
地方道路特定財源　　84-86, 89, 90, 92

177

地方特定道路整備事業　77, 79, 80, 82,
　85, 88, 94, 155
地方特例交付金　149
超過課税　20, 21, 26, 159
超過税率　17-19, 40, 43
超過負担　7, 72, 73
直轄事業負担金　72
陳情　33, 34, 42
積立金残高　140-147, 151
電気ガス税　23, 27, 29, 30
投資的経費　2, 8-11, 45, 47, 49, 50,
　58-61, 70, 74, 92, 94, 117, 118, 136, 155,
　160
投資的事業　71, 74, 75, 154
投資余力　84-86, 89, 92, 94, 136, 155
道府県民税法人税割　63-66
道路橋りょう費　88, 94
特定財源　1, 8, 86, 156 → 地方道路
　——も見よ
特別交付税　22, 36, 149
独立税主義　31
特例建設地方債　50
特例地方債　49
都市計画税　98-100, 109-112, 114, 115
都市計画法　109
土地基本法　101

【な行】

内需拡大　8
7割評価　98, 99, 101-105
2,000億円減税　23, 27
納税義務者　18, 20, 37, 38, 40-42

【は行】

パネルデータ　83, 84
バブル経済　8, 78, 101
標準税率　7, 9, 13, 21, 42, 43, 157, 158
平等化　2, 5, 6, 10, 14, 42, 43, 153,
　157-159
平等志向型地方税構造　2
賦課制限額　15
福祉国家　5
負担水準先行型地方税構造　4, 5
負担水準の均衡化／不均衡　4, 8, 9, 11,
　14, 15-18, 20, 23, 24, 26, 27, 37, 40, 41,
　99, 115, 157-159
負担調整措置　101-103, 105, 106
普通建設事業費　70-72, 86, 89, 93, 154
　——補助負担金　51, 53
普通交付税　10, 12, 21, 36, 47, 48, 56, 57,
　62, 67, 70, 74, 75, 97, 140-151, 154, 156
復活折衝　30, 34
不動産取得税　27, 110
フライペーパー効果　98
プラザ合意　8
ふるさと農道・林道緊急整備事業　77,
　81
平成の大合併　9, 12, 117, 137
貿易不均衡　8
法人事業税　64, 65, 68
法定協議会　137, 139, 147
補助事業　7-11, 51, 52, 70-72, 75, 77, 79,
　85, 87, 94, 117, 135, 136, 154, 155
本文方式　9, 13, 14, 16-22, 24-26, 30, 31,
　37, 40-42, 157, 158

【や行】

誘導　1, 2, 7-12, 71, 74, 75, 78, 91, 95,
　117, 118, 136, 138, 152, 155, 156, 158,
　159
横並び行動　6
予算折衝　33, 34, 36, 42
予算編成　3, 30, 35, 70, 113, 152

【ら行】

離散時間ハザードモデル　138

索　引

臨時減収補塡債　　36
臨時減税補給金　　30
臨時財政対策債（臨財債）　　123, 150
臨時地方道整備事業債（臨道債）　　8,　　10-12, 78, 79, 81, 83-92, 94, 120-125, 136, 152, 154-156
臨時地方特例交付金　　46, 50, 51

179

宮﨑 雅人（みやざき　まさと）

埼玉大学大学院人文社会科学研究科准教授，博士（経済学）
2004年慶應義塾大学大学院経済学研究科修士課程修了，2010年同博士課程単位取得退学。2009年田園調布学園大学人間福祉学部講師，2010年埼玉大学経済学部講師，2013年同准教授，2015年より現職。
主要業績に，『収縮経済下の公共政策』（四方理人・田中聡一郎との共編著，慶應義塾大学出版会，2018年），「東日本大震災被災自治体の財政に関する分析」（日本地方財政学会編『「地方創生」と地方における自治体の役割（日本地方財政学会研究叢書）』勁草書房，2017年），「都道府県における予算編成過程に関する分析」（『自治総研』第443号，2015年），「原発立地自治体の財政比較」（宇野重規・五百旗頭薫編著『ローカルからの再出発——日本と福井のガバナンス』有斐閣，2015年），「国民健康保険制度の財政運営の都道府県単位化に関する分析」（日本地方財政学会編『政令指定都市・震災復興都市財政の現状と課題（日本地方財政学会研究叢書）』勁草書房，2014年），ほか。

自治体行動の政治経済学
──地方財政制度と政府間関係のダイナミズム

2018年11月16日　初版第1刷発行

著　者	―――	宮﨑雅人
発行者	―――	古屋正博
発行所	―――	慶應義塾大学出版会株式会社
		〒108-8346　東京都港区三田2-19-30
		TEL　〔編集部〕03-3451-0931
		〔営業部〕03-3451-3584〈ご注文〉
		〔　〃　〕03-3451-6926
		FAX　〔営業部〕03-3451-3122
		振替　00190-8-155497
		http://www.keio-up.co.jp/
装　丁	―――	後藤トシノブ
印刷・製本	――	萩原印刷株式会社
カバー印刷	――	株式会社太平印刷社

Ⓒ 2018　Masato Miyazaki
Printed in Japan　ISBN 978-4-7664-2571-0